佛教的宇宙觀

生命是如何參與著這個宇宙？除了人類及地球生物之外，還有哪些生命存在？《佛教的宇宙觀》，從「時間」、「空間」及「心意識」三個主軸，開展無限廣大的世界海，及生命存有百態，從過去、現在乃至未來，立足於人間，放眼十方世界，為我們開啟更廣大的生命視野！

目錄

第三章 這個世界有那些生命？……095

第六章 佛菩薩的淨土與極樂世界……211

出版緣起

佛法的深妙智慧，是人類生命中最閃亮的明燈，不只在我們困頓、苦難時，能撫慰我們的傷痛；更在我們幽暗、徘徊不決時，導引我們走向幸福、光明與喜樂。

佛法不只帶給我們心靈中最深層的安定穩實，更增長我們無盡的智慧，來覺悟生命的實相，達到究竟圓滿的正覺解脫。而在緊張忙碌、壓力漸大的現代世界中，讓我們的心靈，更加地寬柔、敦厚而有力，讓我們具有著無比溫柔的悲憫。

在進入二十一世紀的前夕，我們需要讓身心具有更雄渾廣大的力量，來接受未來的衝擊，並體受更多彩的人生。而面對如此快速遷化而多元無常的世間，我們也必須擁有十倍速乃至百倍速的決斷力及智慧，才能洞察實相。

同時在人際關係與界面的虛擬化與電子化過程當中，我們也必須擁有更廣大的心靈空間，來使我們的生命不被物質化、虛擬化、電子化。因此，在大步邁向新世紀之時，如何讓自己的心靈具有強大的覺性、自在寬坦，並擁有更深廣的慈悲能力，將是人類重要的課題。

生命是如此珍貴而難得，由於我們的存在，所以能夠具足喜樂、幸福，因自覺解脫而能離苦得樂，更能如同佛陀一般，擁有無上的智慧與慈悲。這菩提種子的苗芽，是生命走向圓滿的原力，在邁入二十一世紀時，我們必須更加的充實。

因此，如何增長大眾無上菩提的原力，是〈全佛〉出版佛書的根本思惟。所以，我們一直擘畫最切合大眾及時代因緣的出版品，期盼讓所有人得到真正的菩提利益，以完成〈全佛〉（一切眾生圓滿成佛）的究竟心願。

《佛教小百科》就是在這樣的心願中，所規劃提出的一套叢書，我們希望透過這一套書，能讓大眾正確的理解佛法、歡喜佛法、修行佛法、圓滿佛法，讓所有的人透過正確的觀察體悟，使生命更加的光明幸福，並圓滿無上的菩提。

因此，《佛教小百科》是想要完成介紹佛法全貌的拼圖，透過系統性的分門別類，把一般人最有興趣、最重要的佛法課題，完整的編纂出來。我們希望讓《佛教小百科》成為人手一冊的隨身參考書，正確而完整的描繪出佛法智慧的全相，並提煉出無上菩提的願景。

佛法的名相眾多，而意義又深微奧密。因此，佛法雖然擁有無盡的智慧寶藏，對人生深具啓發與妙用，但許多人往往困於佛教的名相與博大的系統，而難以受用其中的珍寶。

其實，所有對佛教有興趣的人，都時常碰到上述的這些問題，而我們在學佛的過程中，也不例外。因此，我們希望《佛教小百科》，不僅能幫助大眾了解佛法的名詞及要義，並且能夠隨讀隨用。

《佛教小百科》這一系列的書籍，期望能讓大眾輕鬆自在並有系統的掌握佛教的知識及要義。透過《佛教小百科》，我們如同掌握到進入佛法門徑鑰匙，得以一窺佛法廣大的深奧。

《佛教小百科》系列將導引大家，去了解佛菩薩的世界，探索佛菩薩的外相、內義，佛教曼荼羅的奧祕，佛菩薩的真言、手印、持物，佛教的法具、宇宙觀……等等，這一切與佛教相關的命題，都是我們依次編纂的主題。透過每一個主題，我們將宛如打開一個個窗口一般，可以探索佛教的真相及妙義。

而這些重要、有趣的主題，將依次清楚、正確的編纂而出，讓大家能輕鬆的了解其意義。

在佛菩薩的智慧導引下，全佛編輯部將全心全力的編纂這一套《佛教小百科》系列叢書，讓這套叢書能成為大家身邊最有效的佛教實用參考手冊，幫助大家深入佛法的深層智慧，歡喜活用生命的寶藏。

佛教的宇宙觀——序

無邊深秘的宇宙，充滿了隨緣的趣味與無涯的歡喜，正等著我們探尋。

宇宙是什麼？佛法告訴我們：「所謂宇宙，即非宇宙，是名宇宙」，佛教的宇宙觀，擴大了我們的格局與視野，觀察這無盡時空的真實訊息，了悟生命自身在宇宙中的位置與意義。

到底這個世界和我們的生命是恆常不變的，還是無常變化的？是有邊際還是無邊際的？人死之後有神識離開嗎？死後去哪裏？下輩子是不是同樣這個身體、這個神識？……當初也有人問過佛陀這些問題，剛開始佛陀並不回答這些問題，因為這些問題也是眾多緣起現象中的一者，了解這些，並無助於煩惱的解脫。

就佛法而言，宇觀的生成與毀滅，也脫離不了因緣法的軌則：「**有因有緣世間**

集，有因有緣世間滅，有因有緣集世間，有因有緣滅世間。」但是由於一般人忍不住對因緣的現象及這個世界的好奇心，因此佛陀才對宇宙的現象加以解說，融攝了印度的宇宙觀及須彌山的觀念，並將其昇華。

人類的好奇心永無止境，對宇宙的探索尤其如此。但近代科學唯物論、邏輯經驗論、科學實證論等主義的過度擴張，使大部人以為整個世界只是一個物質領域；而且使科技幾乎等同於科學的全部，不承認心靈世界乃至精神的存在，面對精神世界時，又說精神世界不是真象，只是化學作用。這樣的論點讓生命條件本身成為沒有內在意義，只能看作是物理或化學的作用，讓生命的價值層次往下沉淪。

有特別強調「行為主義」者，甚至認定人類所有的行為都只是「刺激↓反應」的單純架構，甚至倡言：「人類只不過是一隻訓練有素的老鼠罷了。」這種觀點使人的價值不斷的往下降。

事實上，生命絕對不僅止於此，而是有不斷昇華、超越的可能。從佛教的宇宙觀裏，從「三界」、「六道輪迴」中，我們看到生命因為修行而向上昇華、因為造惡而向下沉淪的軌跡。

在進入佛教無盡的世界海之前，我們首先要了解到，佛經中所說的，我們這個世界的型態，只是無數世界中的一者，並不是每一個世界都我們一樣的。例如，這個世界有「欲界、色界、無色界」三種界域，欲界中又有天、人、修羅、畜生、餓鬼、地獄等六道，但並不是在每一世界中都是如此的。像極樂世界就沒有三惡道，有許多其他世界是沒有三界的。在不同的時空因緣下，會形成不同的世界，這是緣起上差異的關係，但是它們的體性是一樣的。所以釋迦牟尼佛說：「**我所說法如掌上塵，未說法者如大地土。**」現在我們所看到的這些掌上塵，即是相應於我們的世界而有的。

在十方無數的淨土中，佛陀也特別拈出極樂世界鼓勵我們往生。《阿彌陀經》是佛陀無請自說的，因為極樂世界與我們有著特殊因緣。佛陀也為我們宣說東方妙喜淨土、兜率淨土、藥師淨土等，即使是這麼多的淨土，都只是無量無邊淨土中的千百萬億分之一而已。因為佛陀在人間說法，因此必然是相應於我們這個世界的眾生來說法。

在《佛教的宇宙觀》中，從「時間」、「空間」、「心」這三個面向來觀察宇宙的形成，廣大的世界海，及我們所生活的這個世界。其中並特別介紹一般人最嚮往的天堂、最恐懼的地獄，以及最理想的淨土世界。

從廣大的宇宙中，佛陀教導我們回觀生命自身，以最親近的因緣來觀察，例如，從我們自身身心情境的主體來說，是從「眼、耳、鼻、舌、身、意」（六入）、「色、受、想、行、識」（五蘊）來觀察，如果從客觀的外境來看，則可從「色、聲、香、味、觸、法」（六塵）等與六入相對應的外境來觀察。從自身到外境的分析觀察，讓我們生命最深刻的執著鬆動，不再糾纏於煩惱輪迴，入於真實解脫。

祈願一切生命，都能開啓清明的眼目，看到心靈中、光明中、風中、聲音中，無盡法界萬象的真實美麗與感動。

第一章　宇宙是如何誕生的？

構成宇宙三要素——時間、空間、心意識

一般人所指的的宇宙觀，大多是指時間和空間的世界。但是在佛法的宇宙觀裏，宇宙形成的要素，除了時間和空間這兩大要素之外，還有創造時間和空間的要素——心意識。

佛法認爲這個世界是由「時間」、「空間」及「心意識」三者交織而成，是集體共同的業力所形成。以下我們就從這三個面向來討探佛教的宇宙觀。

⊙時間

「宇宙」的「宇」及「世界」的「世」，這兩者指的都是時間的延續。

在佛法中將時間的相續以三種現象來表達，就是「世界相續」、「眾生相續」、「業界相續」等三種相續。「相續」正是屬於時間的範疇，從過去轉動到現在，從現在轉動到未來，這是時間之輪。在密宗則是將時間的轉動具象化，化現為「時輪金剛」，掌握時間之輪，進而脫離時間的掌控，成證金剛。

在我們的感覺裏，有過去、現在、未來，不斷的相續，佛法中稱之為「三世」。我們常聽的「三世輪迴」就是這個意思，並不是指三個前世，而是過去、現在、未來不斷相續輪迴。

但是對一個了悟宇宙實相者而言，並沒有所謂的過去、現在、未來，只是在因緣相續中而有。過去、現在、未來這三者是無常輪迴的趨動力。在《華嚴經》中對時間的看法甚至不只過去、現在、未來這三世，而是更細密的分為「十世」，也就是過去有過去、現在、未來三世，現在有過去、現在、未來三世，未來有過去、現在、未來三世，加上此九世容融而成一世，共是十世。這是對時間更加細密的解析說明。

在佛法中以「世界相續」、「眾生相續」、「業界相續」來表達時間相續不斷的現象。所謂「世界相續」是指眾生因爲共同的業力而建立的國土世間，建立本身就是一個時間系統。眾生有業，共業所成，而建造成世界相續。世界相續，眾生相續，都有一定的因緣、軌則，而外在的軌則不斷的控制我們的內心，使我們無法自在。眾生建立世界，結果世界反控眾生。

什麼是「眾生相續」呢？就是指我們生命的存有。眾生的存有是色（物質）、受（感受）、想（思想）、行（心行）、識（意識）五蘊的和合，而使生命相續存有。稍後我們會更詳細的從十二因緣來觀察生命的發生與相續輪轉。生命相續不斷的轉動，由無明生到老死，然後下一世的生，生生相續，輪轉不息。

⊙空間

宇宙形成的第二個要素是「空間」。宇宙的「宙」、世界的「界」，這兩者都是指空間的存有，在佛法中通常以「十方」來表達空間。十方是指：東、西、南、北四維，再加上東北、東南、西北、西南四方，以及上、下兩方，共為十方。這十方其實是虛擬的，先設定一點，有了位置，所以有十方。一般人卻有錯誤的認知，誤以為這些方位是實有不變的。

以自我為中心才會產生十方的感覺。十方，是在一個固定的範圍之內（界）所產生的方向感，是由一個中心點所產生相對位置的感覺，這個空間感實質化之後，進而形成物質存有、色相。所以，「界」就是指位置存有，佔據著空間。

再來看佔據空間的「物質存有」，這些物質如果不斷分析拆解下去，就會成為類似分子、原子的基本粒子，在佛經中將這物質的極小單位稱為「微塵」。

如果是更小的單位則稱為「極微」，極微的七倍大稱為「微塵」，微塵的七倍大稱為「金塵」，「金塵」以能在黃金的分子間隙中遊走而有此名。在《阿毘達磨俱舍論》卷十二中說：「謂七極微塵為微量，積微至七為一金塵，積七金塵為水塵量，水塵積至七為一兔毛塵，積七兔毛塵為羊毛塵量，積羊毛塵七為一牛毛塵，積七牛毛塵為隙遊塵量。」這些物質單位都可以無限分解下去。在《楞嚴經》中，最

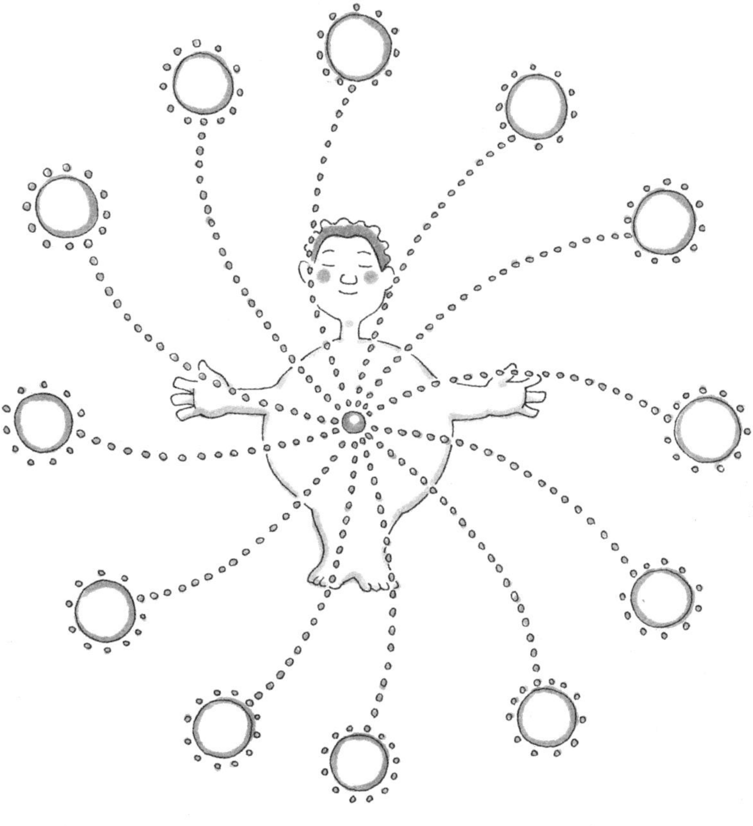

因為以自我為中心，才有十方的產生

小的物質單位叫做「鄰虛塵」，也就是緊鄰於虛空的塵，微小到幾近虛空的物質，再來就是虛空了。所以在佛法的概念中，「鄰虛塵」代表最基本的粒子，而整個物質的概念就像芭蕉的心一樣，一層一層地剝，剝到最後是空的。在《雜阿含經》卷十中有一個比喻，一個樵夫上山砍柴，看見芭蕉樹長得又直又大，以為必是好材，沒想到砍下之後，將葉子一片片撥除，撥到最後卻是空心的。佛經中因而以芭蕉來比喻空之實相。

在現代的科學裏，有用「能」、「量」、「質」來涵蓋空間的本質。也就是說先是能，後來產生量，最後才有物體的質子。而佛法則是用「心」、「時間」、「空間」的相續體來涵蓋整個宇宙。在這三個要素之中，又以「心」為主體。如果心轉成覺，覺悟之後，時間就自由了，空間也自由了，不再輪迴流轉，而是完全的自由，時間、空間都可自由創造、自由出入，不再受限於時間和空間。

⊙心意識

佛教的宇宙觀和世間一般概念最大的不同，是佛法並不認為宇宙有創造者，而是由各個條件交互運作而成。在《雜阿含經》卷二中說：「有因有緣世間集，有因有緣集世間，有因有緣世間滅，有因有緣滅世間。」意思是說，因爲有各種因緣條件，而形成種種現象的生成與毀滅，而各種現象的生成與毀滅，背後必然也存在著各種因緣條件。

那麼，我們這個世界又是如何形成的呢？在佛法的觀察中，驅動生命去造作各種行爲的主體是生命與生俱來的貪、瞋、痴、慢、疑等種種煩惱，而這正是我們心意識的作用。我們這個世界，就是由生命集體的業力所形成的世界。在佛經中稱之爲「業感緣起」，而且是「共業所感」，也就是共同的業力所感召而建立的世界，形成客觀的世界。例如，我們感到椅子存在、桌子存在，這是共業所感。「感」是指我們在人間形成共同的運作軌則，大家交互之間認同，形成客觀的實存。這實存來自我們主觀的共同約定，共同約定和世間相應而產生實際存有。就像秦始皇最初規定「車同軌、書同文」一樣，有了統一的度量衡和文字，大家都認同這個軌則，並依此來運作，這時整個國家就依著共同的軌則來運作，而產生了比之前更快速的變化。

而在這演化過程，我們就被共業所感之境拖著走。所以，個體化的生命串習自己，而每一個個體又全部串在一起、相應在一起，每一個人都要複製他自身。這些是來自無明的我執。結果碰在一起時，相互協調，因爲每個人都要保護他自己生命的存在。每一個生命的自身甚至意識身都要保護他自己。所以這樣的相應所感，就形成了現實的世界，這是一個共感的世界。世界是有相的，但其實它是虛幻的，只是在共感之下才是有相的。因此，這個世間就如同是大家共同的夢所串習而成的。而夢是「心」的集聚，「識」的生起。

我們對世界的了解能達到這樣的微細時，就能夠了解我們所生存的宇宙的位置，以及這世間的意義。因爲我們的心在現有的實質世界，我們的心就會比較隱晦，雖然時時現起但作用力比較隱晦，且會被外在的時間和空間所限制。時間和空間交互在一起變成遷流相續、不斷演化的事實。

在構成宇宙的三要素中，空間的存有比時間更粗糙，時間的對立實質化之後才造成空間的存有。所以在禪定修行的過程中，我們會發覺到，空間先消失之後，時間才會消失。時間停滯之後，心體才會現前。心體現前之後，打破無明的心，悟境才會現前。一個高明的修行人能看到時間的間隙、時間的停止。修到最後，會看到這世間如雲，愈來愈如幻，很不實在，不實在到了極點之後，就是眞實。如幻到極點的話，就是因緣所生、就是實相。這時會很清楚地看到一因一緣的形成，清楚到極點時，你就會看到時間和空間的間隙，就是看到時間在空間中停止的現象，整個世界是一片、一片的停止下來。

在禪定的境界中，層層向上，可以說明這個世界形成的結構。從解除欲界的纏縛、離開欲界的纏縛到色界初禪、二禪、三禪的時候，色界的纏縛愈來愈弱、空間的纏縛愈來愈弱、質量的纏縛愈來愈弱，到達四禪的時候，身心的感覺愈來愈細，越來越自由。因爲實質的肉身本身是一種很大的壓力，當實質愈來愈淡化後，空間和時間的運動會愈來愈自由，能量愈來愈高。

所以總括而言，時間的本質是無明的相續，也就是心的相續。於是有了時間，這是「無色界」。已蘊有空間的本質了，因爲空間的本質就是時間的存有感受。而空間的實質化就變成「色界」，色界的相對化就是欲界的產生。時間、空間、心環環相扣交織而成的三界就出現了。關於「三界」，我們在後續會有更詳細的解說。

佛法對時間的觀察

在佛法的觀察中，世界相續的變化正是無常的顯現，佛法中用「劫」來表達這種無常的實相。「劫」在中國常被誤用，例如「劫難」、「劫數」、「逃過一劫」，帶有災難的意思。其實，「劫」只是時間單位而已，而在這一段極長的時間中，會有很多變化，依變化而分出幾個時期。

佛經中以「劫」（梵kalpa）來作爲時間的單位，就像我們用「一小時」、「一天」、「一個月」來表達時間的長短，「劫」則是佛經中的時間單位。劫是指很長很長的時間單位。有多長呢？經中說，「一劫」是一座高山自然風化消失，夷爲平地麼久的時間。

劫依長短又可分爲「小劫」、「中劫」、「大劫」。一個小劫包括一個「增劫」和一個「減劫」。「增劫」，是指人類的壽命從一生只有十歲的壽命開始，每過一百年增加一歲，到人壽八萬四千歲的時候，這一段時期叫「增劫」。「減劫」則是在人壽長八萬四千歲時，每過百年減一歲，減至十歲的時候，這一段時期稱之爲「減劫」。

「增劫」的意思是人類的壽命不斷增長的時期，也就是壽命增長的時代，反之，減劫就是壽命減短的時代。這樣一增一減，總共是一千六百八十萬年，這是一個小劫。

二十個小劫加起來就成爲一個「中劫」，爲三億三千六百萬年。

四個中劫加起來稱爲一個「大劫」，四中劫是指「成劫」、「住劫」、「壞劫」及「空劫」。「成劫」，是宇宙生成的時期。「住劫」，就是這個外在世間和衆生安穩存在的時期。「壞劫」，在最初的十九個增減劫時，會有戰爭刀兵的災難、各種疾病疫情、飢饉等災難，使人間動蕩不安，最後一個增減劫則有火災、水災、風災來破壞整個世間，這是整個世間趨向毀壞的時期。

「空劫」就是在壞劫之後，整個世間滅壞，空無一物的時期，也就是世間消滅了，整個進入於空無的狀態。在佛教的宇宙觀中，宇宙中一切現象都是依著成、住、壞、空的過程而生成、變化。「成」是宇宙生成，「住」是衆生安住，「壞」是世界毀壞，「空」是世界消失，回到空寂的狀況，不斷的週而復始。

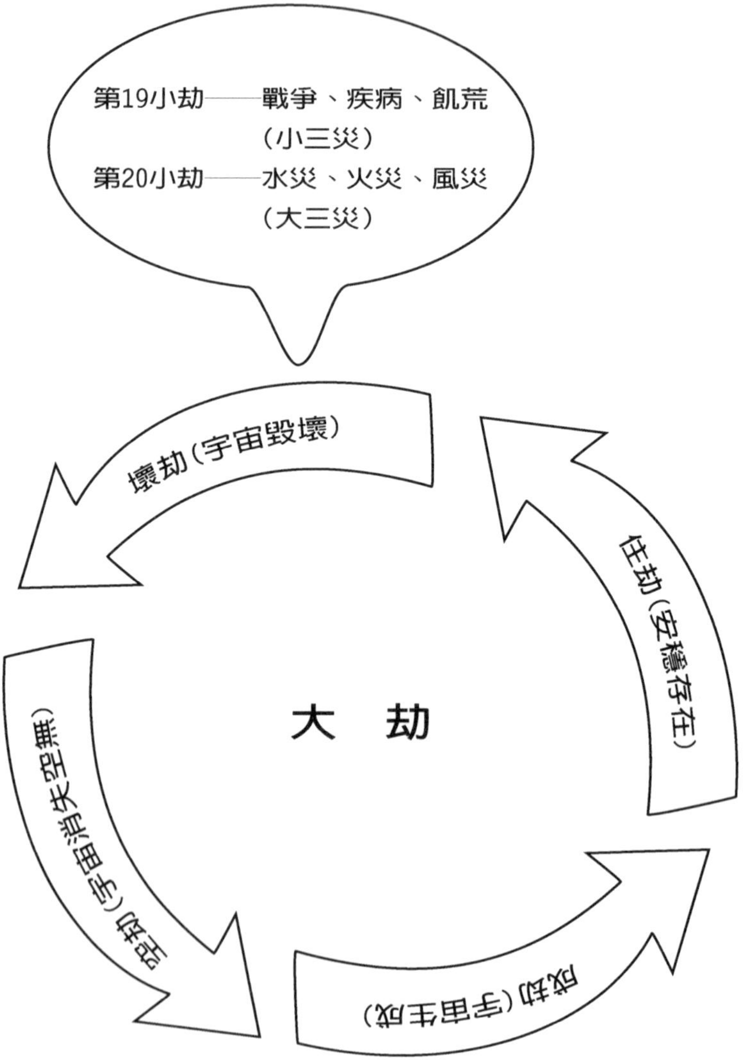
第19小劫——戰爭、疾病、飢荒
（小三災）
第20小劫——水災、火災、風災
（大三災）
壞劫（宇宙毀壞）
住劫（安穩存在）
大 劫
空劫（宇宙消失空無）
成劫（宇宙生成）

宇宙的成、住、壞、空

經過「成」、「住」、「壞」、「空」這個循環的過程，這四個中劫合起來則稱爲一「大劫」，大約是長達十三萬四千四百萬年的時間。

我們可以從宇宙誕生的過程來對照成、住、壞、空的過程。當一個星球即將誕生之際，首先會產生大爆炸，大爆炸是空的能量。這時世界開始建立。大爆炸之後，開始冷卻下來，後來慢慢凝融成固體。大爆炸的能量很光很亮、能量很高，整個星球呈現有點像乳酪似的液態，再來表面就慢慢固化，成爲大地、四周山河等等。乾的部份就變成洲渚、平原，溼的就成爲江河、大海。當「空劫」進入「成劫」之後，就開始有生命移民來居住。

根據《起世因本經》經中記載，人類是二禪天的光音天天人移民下來的。慢慢的，大氣環境冷卻，適合生物生存了，才有動物、人類，因爲群聚族群的關係，人類開始變成主體，開始繁衍後代，不斷的生存下去。到最後，世界開始趨向毀壞。於是開始產生種種天災人禍，整個居住環境開始產生變化。而至劇烈變化產生大爆炸，能量慢慢冷卻，變成重力，開始崩潰，然後慢慢變成黑洞。整個世界消失掉，就進入空。然後再積聚強大的力量，受到眾生的心意識的集體力量，又開始轉動，再進入成、住、壞、空的過程，而一直循環下去。

在佛經中，我們現在所處的時空座標爲何呢？我們所處的時間叫做「賢劫」，我們所在的這個世界叫做「娑婆世界」，意思是「堪忍」，因爲這個世界與其他世界相較之下，是一個環境惡劣，而且衆生煩惱極重的世界，所以這個世界的衆生被認爲「堪以忍耐」各種煩惱。

爲什麼叫做「賢劫」呢？因爲在個時代中，會有千佛出世，因爲這諸多賢聖在此時劫出生，所以稱之爲「賢劫」。

娑婆世界有三大劫，現在稱之爲「賢劫」，過去劫稱爲「莊嚴劫」，未來劫稱爲「星宿劫」。我們現在所處的時代，是賢劫中屬於住劫二十小劫中的第九小劫。

這個小劫已經有四尊佛出現了：

1.當減劫六萬歲時，拘留孫佛出世。

2.減劫四萬歲時，拘那含牟尼佛出世。

3.減劫至二萬歲時，迦葉佛出世。

4.減劫至一百歲時，釋迦牟尼佛出世。

因此，在人間成佛的釋迦牟尼佛是賢劫的第四佛。而未來接著成佛的是賢劫的第五位佛陀——彌勒佛。彌勒佛會在未來第十小劫，於減劫到八萬歲時出世。

我們這個世界的時間座標

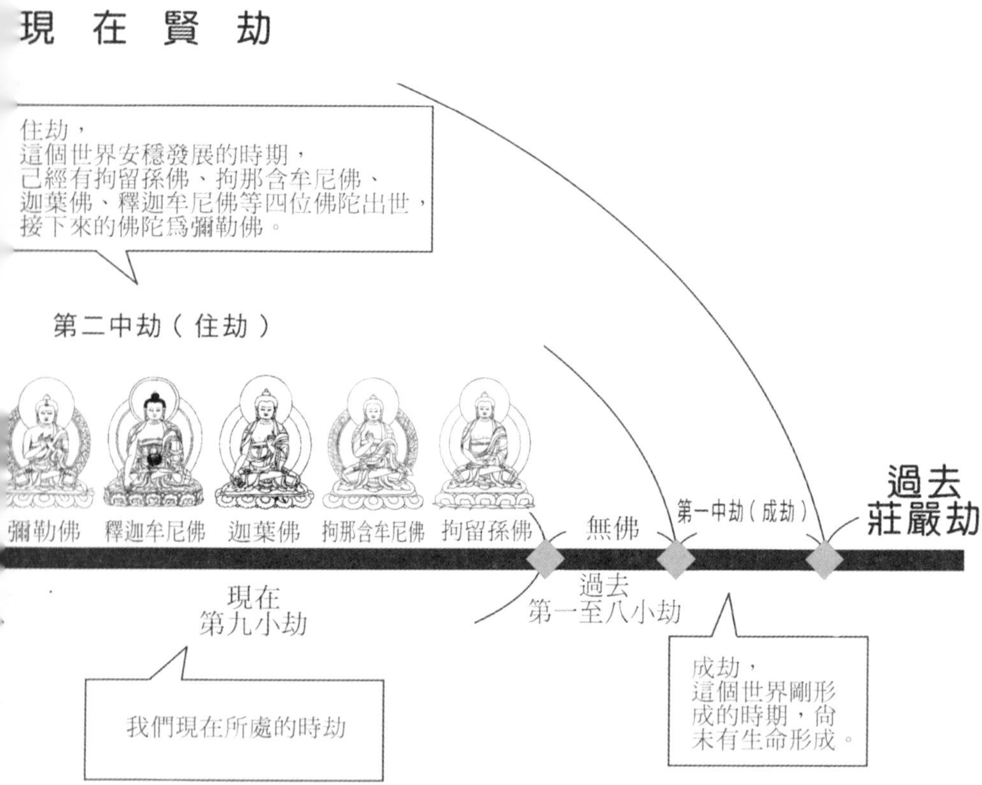

現在賢劫
住劫，
這個世界安穩發展的時期，
已經有拘留孫佛、拘那含牟尼佛、
迦葉佛、釋迦牟尼佛等四位佛陀出世，
接下來的佛陀爲彌勒佛。
第二中劫（住劫）
彌勒佛
釋迦牟尼佛
迦葉佛
拘那含牟尼佛
拘留孫佛
無佛
第一中劫（成劫）
過去
莊嚴劫
現在
第九小劫
過去
第一至八小劫
我們現在所處的時劫
成劫，
這個世界剛形
成的時期，尚
未有生命形成。

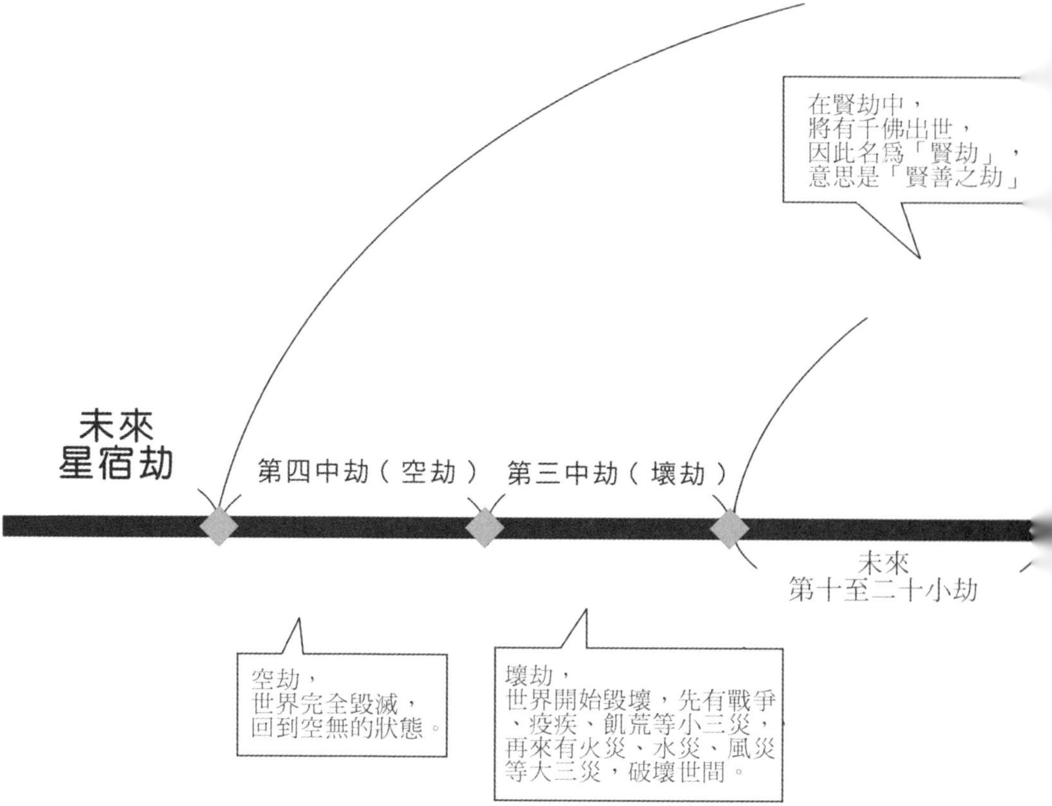
在賢劫中，
將有千佛出世，
因此名為「賢劫」，
意思是「賢善之劫」
未來
星宿劫
第四中劫（空劫）
第三中劫（壞劫）
未來
第十至二十小劫
空劫，
世界完全毀滅，
回到空無的狀態。
壞劫，
世界開始毀壞，先有戰爭
、疫疾、飢荒等小三災，
再來有火災、水災、風災
等大三災，破壞世間。

宇宙的誕生

在佛教的宇宙觀裏，提出一個有趣的問題：「認知自身是否爲宇宙自身？」也就是我們對宇宙的觀察，這觀察本身是否會變成宇宙自身？宇宙是否會隨著我們的觀察而被我們改變？或是宇宙是否是由我們的觀察而來界定而形成的？

在佛法中並不認爲有一個完全不受影響、完全獨立於我們而存在的宇宙。在《楞嚴經》中說，宇宙的發生，始於無明，也就是生命無明心念生起的同時，啓動了宇宙的發生。

經中說：「若無所明，則無明覺，有所非覺，無所非明。無明又非覺湛明性，性覺必明，妄爲明覺。覺非所明，因明立所。」

如果沒有要去照明對象，也就沒有對立心，也就是全體無內無外，也就沒有「明覺」——沒有安立「明」之作用的「覺」，也就是「覺明」了。有了對立的對象產生，要去明照就不是「覺」。本然之覺性就必然有妙明妙用的，所以才叫覺明。

「覺中必明，妄爲明覺」無明心念的出生，是當我們的本能的覺照力量，其本身開始產生了分別，即變成「明覺」，明覺爲妄，是從無分別的大覺照力量中所分化出來的力量，這力量一分化，它就反觀整個無分別的法界，與其分裂。其實它並未離開整個法界，但是此時卻產生了分別，而跟整個世界產生相抗衡的關係，因此從中產生了逆轉。

這逆轉從本來是「覺中必明」的境界，但是因爲這個逆轉而使心複雜化，當下這一念心便立下對象、產生了所觀的對象，又從所觀對象中反立一個主體成爲能觀，於是形成相對性，有能觀、所觀的對立。所以經中說這整個過程是：「覺中必明，妄爲明覺，因明立所。」所以覺照的力量、無明混雜在一起，於是就有心意識的交續，心意識的交續就有時間系統，從時間中又感覺到活動性，於是有了空間系統，時空就這樣相續的建立。

明覺的妄立就是無明開始啓動之時。這當下就是無始，因爲在這之前並沒有時間，但是心妄立之後，時間就相續了，所以說這是「無始無明」。

或許有人會問：「那麼是不是很多人的無始無明同時啓動，而形成了這個世界？」其實，這個問題不當如是問。因爲無明啓動之前，並沒有時間、空間，怎麼能說從什麼時候開始呢？在《圓覺經》中就有一個很貼切的比喻：「善男子！此無明者，非實有體，如夢中人，夢時非無，及至於醒，了無所得。」就好像一個人作夢，夢中的事並非沒有，但是醒來時卻了無所得。

你在夢中看到花，醒來後問人說：「花到那裡去了？」夢中之事是幻，所以你不能問它什麼時候有、什麼時候沒有，就好像無明本來如幻，所以沒有「有沒有」的問題。

同樣的，當我們妄立無明時，時間才開始，如果說「我的無明」產生有了時間，在這樣的時間下「你的無明」才產生，或「我們的無明」一起發生，這樣看起來似有「我先你後」的差別，實際上卻非如此。

在無明產生後，才會有「誰從無明中解脫？誰什麼時候成佛？誰是凡夫眾生？」等等種種問題，但是在原初並沒有這個問題。所以誰的無明前、誰的無明後的問題，還是一起發生，這就好像是一個人在夢中問夢，是在凡夫的立場來問凡夫事，就根本而言是沒有意義的，是錯謬的。

在時間、空間中相續，也在存有的意念裡相續，這存在一運動就開始有了空間的開展，於是建立「空無邊處」。又，整個虛空與心意識互相摩擦，在心念當中互相制約，本來是自由的，但因制約之故造成相應的因緣，這些因緣便產生滯礙，這些現象本來是互相的感應，但後來一同制約、滯礙而妄立色界、妄立衆相，從空中妄立色相。就像整個宇宙從能量中轉化，從量子中開始轉化成有物質的物相，物相愈來愈粗重，交織而成物質現象。

衆生互相心念的制約，造成宇宙現象的生起。其實，任何的物相並沒有恆久不變的實質存在，是時時變動如幻的，但是，在相應的因緣裡，我們感受得到實質。然而，我們這個世界的存有，對無色界的衆生來講是不存在的，因爲無色界的衆生只有心識存在，並無形體，因此他們沒有感受滯礙，所以他們能穿牆而過，我們對他們來講是幻象，他們對我們來講亦是幻象，這是因爲沒有相應的緣故，我們對於我們自己卻有質礙，但是無色界他們彼此之間只是意念溝通就好，沒有形相的滯礙。

色界有形相化，但比欲界微細，等到六大（地、水、火、風、空、識）整個實質化了，就形成欲界，我們的心意識與時間空間相互之間不斷地相應交織，顯現實質的現象，這實質的現象使我們有力，但也使我們質礙更大。

色界、無色界的衆生神通自在，人道則無法如此自在，因爲我們互相制約力很強，共業很強大很堅硬。只有在夢中，我們才會讓自我浮現出來，在夢中可以很自在的轉化、變化，不像白天制約那麼大。這是因爲造業有力，制約亦強的關係。

所以在娑婆世界，我們變成六道中造業的主體。怎麼說呢？除了人道之外，像天道、修羅、畜生、餓鬼、地獄等五道處的衆生，多屬受報居多，不是環境太快樂（如天人），就是個性太強烈（修羅），或環境苦迫（三惡道）而無法修行昇華，只有人道苦樂適中，可以爲惡，也可以爲善、修行，可以墮三惡道，也可以生天，也能夠成佛，這就是爲什麼經中說：「諸佛皆出人間，從不在天上成佛。」

◉從無明到三界輪轉

從無明到欲界、色界、無色界三界的形成，人在三界中流轉，如果是相應於在三界中某一層，即往那裡去，所以不停地在三界中輪迴。

整個無明的世界是我們大家共同創立的，也是我們自己創立的，我們自己參與進去，自己在此中控制一個位子、佔有一個位子，這其實是我們自己玩的遊戲，玩的是無明的遊戲，因爲我們自己與一切是交織互攝的，是遍法界一切處，但是我們卻把自己控制住在一個角隅，這是自我的抉擇，因爲是我們自己決定有一個「我」，所以這場無明遊戲就玩了下來。

我決定有一個「我」，乃至基本無明的開始，無明佔據一個空間、佔據一個時間、佔據一個心體，而跟整個世界互相摩擦互相運作，在這摩擦運作當中要保護自身，就會造成一個根本保護自己的心，不斷地要保護自己，使自己生命不斷地延續下去，這是求生意志，也是無明的力量。

無明的力量超過一切存在，變成生命的意志力，意志有痕跡不會消失，而且不斷地記存在意識中，根本上它也是無形無相的，但是卻很實然地在我們的生命中累積，有因緣時它就現起。而且每個人各有的累積，彼此之間又各有不同，而自作自受，但彼此之間又有交互關係，形成很不可思議的法界體，就像萬花筒一樣，個個相交、相互映重，這也就是業識。

當業識投胎時，便有名色，產生精神體、物質體，產生現生的因緣，而當生的影像又會累積在業識裡作爲下次的因緣，所以我們的生命不斷在變化，沒有主體，但是主體性又存在，三世就這樣輪轉不息。

從生到死，從死到生。從死亡到重新投胎出生之間，有一個中介的階段，稱爲「中陰身」。人死亡之後，進入中陰的狀態，中陰是隔斷我們生死的中介，隔著中陰而轉換後投胎，我們就會不覺，沒有辦法記起中陰之前的種種事情、因緣，也就忘記過去世的一切，這就是「隔陰之迷」。經過中陰的階段，再進入另一期生死輪迴。

1. 以觀照外界來定位自身

根據《楞嚴經》中的說法，我們可以知道，原來一切輪迴始於明覺，也就是特意向外明照，而形成對立，不知返照全體自身，覺性自身不是其所照明的對象，因此才「因明立所」：因爲此強意的明照力量而有了對立相，有了對立相後，佛又說：「所既妄立，生汝妄能，無同異中，熾然成異。」對立之相已然被妄立了，依此對立相而產生虛妄的「能」，於是能、所皆立，就這樣，所以在全體無對立，無

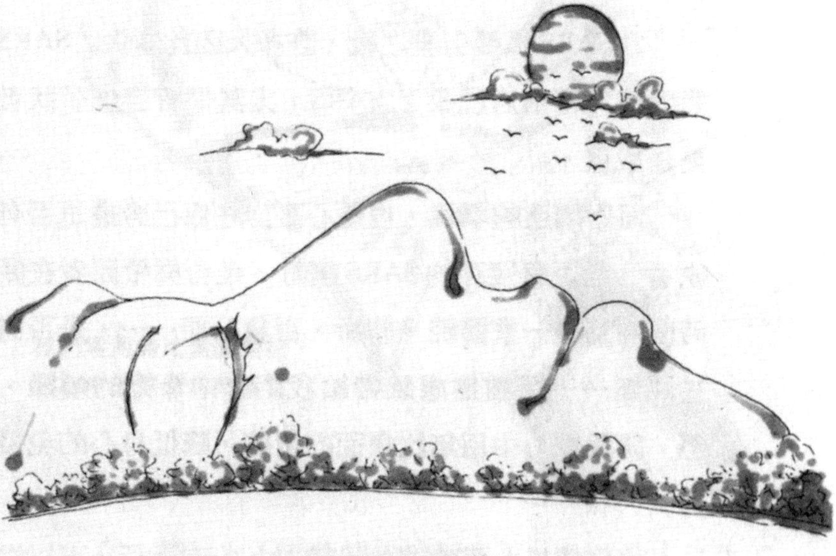

生命由觀察外界而決定自身的存有

同異之差別的法界，很快速地也很繁複地產生同異對立的現象。

這裡要特別說明的是：「能」、「所」的建立，是依「所」立「能」，也就是從客觀的環境反照自己的存在。例如：人一生下來並不知道自己是人，是因為別人告訴他：「你是人類」，然後才感覺到自己是人。人從來不會一開始就自認自己是人，而是因為看到其他人類之後，視他為同類，由此之後才視自己是人，生命現象是靠覺照力量，靠覺照對象而來反正他他自身，任何生命都是如此，靠觀照力量從外界來反定位自身，自己是沒有辦法自身定位的。所以才說「因方故迷」，因為有方位的確立才有迷路可言。「能」、「所」之建立就是如此。能所雙立後宇宙、輪迴也正式開始。而宇宙生成的第一個心念——這個明覺也就是無明。

整個山河大地都是從我們認識的時候才產生的，是我們創造出來的，造出來給自己看的，這就是「因明立所」：因為我們有覺照力量，將這個力量往外照就創造出對象來讓自己看，一個人的力量再加上另外人的力量，大家合在一起就創造出整個山河大地了。而「所既妄立，生汝妄能」，對象一出現你就有「能看」、「我能」等自我主體性的感受。

2.無明心念的啓動

本來沒有「我」，沒有「他」，但是無明一轉動，就有了自、他的分別，也就是「因明立所」。

什麼是「無明」？其實它是「明」，只是它不反照自身，而妄求外境，於是產生了分裂，而有了主體與客體的對立。什麼時候開始是無始無明？是「性覺必明，妄爲明覺」時開始。

什麼是「無始」？「無始」是沒有開始，是這個念頭開始名爲明覺的時候就是無始，本來是沒有時間、空間的，是每一個人自己把它定下來，就好像一場無明的遊戲，自己說開始就開始了。你定下這個時空時，就是那個時間開始無明，所以說無明的那一剎那就是無始，從此之後才有時間。並不是有一個無始無明。

時間、空間不是本來就有的，是心執著、迷惑之後才有的，才玩出來的遊戲。整個時間、空間就像一個大圓一樣，哪裡是開始哪裡是結束？沒有，而是你決定這點開始，就開始了。

3.宇宙的形成

「因明立所，所既妄立，生汝妄能」之後又如何形成宇宙的呢？接著《楞嚴經》中，佛陀又繼續說：「無同異中，熾然成異，異彼所異，因異立同，同異發明，因此復立無同無異，如是擾亂，相待生勞，勞久發塵，自行渾濁，由是引起塵勞煩惱。」

當能、所對立產生，就是無明攀緣行（莽動的生存意志），然後就在平等無差別無同異的法界體性中產生「異」，又對於與對方有異者持不同的看法，於是各種「異」就產生了，而因各種不同就有同的類聚，本來單一的對立漸次形成雙重、交叉、複雜的同異對立，因此同異就如此互明闡發彰明，接下來又產生無同界無異：不是同類也不是不同類的。

這種中間對立相，愈來愈複雜，互相擾亂，又互相對立、對抗，而產生「勞」。「勞」是產生基本物質實相的力量，產生這樣的力量再聚集多一些之後，就會產生「塵」，這是基本物質相，是精神的物質相，也就是意識，這意識塵又漸次自己交互濁濁不清，而有煩惱產生了。

⊙世界的形成

接下來：「起爲世界，靜成虛空，虛空爲同，世界爲異，彼無同異眞有爲法，覺明空昧相待成搖……」有了意識，於是形成世界，在此對世界的看法就如同《華嚴經》的看法：世界不單指物質的存在而已，物質界是一種世界，精神現象也可以叫世界，觀念也是世界。這時由塵勞煩惱起爲世界，還不是物質性的世界。然後沉靜的就形成爲虛空，就建立了空界，有了空法界，也就是建立了無色界中最後一處空無邊處。接著就創造出色界之下的世界，在十二因緣中就是識緣名色。

所以說虛空爲同，世界爲異，虛空是指空間界，是一切所依附所以是同相，世界是指實體界，此中各各不同所以是異相，此二者在這裡又互相對立。而這所有的造作、演變，並不是自然生成的，宇宙中沒有自然生成，也沒有本來如此這回事。

宇宙是法界識體與本然大覺、法界體性共織而成，即生滅性與非生滅交織構成，一層一層演化下來，不是天生就如此的。所以有了空法界，於是「覺」——覺照力量，「明」——無明所生，意識作用，以及空——空的礙處，已落入生滅現象的虛空，這些就互相干擾、擾亂、對立。勉強來說，「覺」是心，「明」是識、時空，空是空間，彼此互相交互作用而相待成搖。「搖」是動，動即作用力。

接下來佛陀又說：「故有風輪執持世界，因空生搖，堅明立礙。彼金寶者，明覺立堅，故有金輪保持國土。」前面所說「搖」是作用力，這作用力引動了最細的物質性，形成色界以下的世間。這些細微物質性因虛空而振動轉動，就是風輪轉動，轉動之後就建立更堅礙的世界。

這種現象類似宇宙生成的大爆炸，因空而產生運動，意識也不斷固化，搖動與不動形成對立，建立質礙。然後堅硬的地大（金輪）、體性開始產生，但尚未完全成爲我們現在這樣的大地，只是地大體性開始現起。「堅覺寶成，搖明風出，風金相摩，故有火光，爲變化性。」接著堅固的地大、搖動的風大二者體性一直互相運作，產生變化而形成火光，熟變整個世界，造成一小世間的生成。

而此宇宙的生成，能量迅速消弱爲變化性上，迅速促使這世間在一定能量中變化，如：水份蒸發、溫度上升、下降。現在已無法回到宇宙初始那麼大的變化力量中，已落入空大、風大、地大、火大本身的作用中。於是「寶明生潤，火光上蒸，故有水輪，含十方界」，火大形成氣溫變高，物質溶化，水氣蒸出，這就是水大的形成。然後「火騰水降，交發立堅，溼爲巨海，乾爲洲潭，以是義故，彼大海中火光常起，彼洲潭中江河常住」。這時候實質的世界已產生了：火大元素往上升，水大元素往下歸流，兩者互相堅固對立，也愈鞏固其特性，所以溼的地方就形成海洋，乾的地方就是洲陸，但是它們是互相作用、對立而成的，所以水中還有火，火中還有水的產生。如此一來地、水、火、風、空都形成了，實質世界、整個星球就產生了。至此之後交互作用，互爲因緣，就這樣世界便相續下去了。

這樣的宇宙生起變化，從無始到時空確立，是否所有的世界都是如此呢？不是的，這只是說明單一宇宙形成之過程，實際上在每個當下，宇宙與宇宙都在相互作用著，因爲每個人、很多衆生的無始無明都會產生，所以這世間此起彼落，此落彼起，是更複雜的。但是透過我們現在所看到的只是衆多宇宙生成的型態之一而已。

◉世界的成、住、壞、空

世界誕生之後，繼續不斷的發展、變化，佛法用「成、住、壞、空」四個時劫，來表達這種相續不斷的變化過程，而這四個時劫則有「生、住、異、滅」四種現象，就好像人生有「生、老、病、死」的過程一樣。

「生」，就是誕生，一個星球剛形成，則是進入「成」的階段，「住」就是穩定地安住、行一切事，像星球成形後，穩定地發展，這是進入「住」劫的階段。「異」，是指每一個剎那、每一個剎那相續的變化，不斷改變，前後相異的現象就是異相。這樣不斷變化的結果，「滅」，則是這個因緣散滅，歸於空無的現象，也就是「空」劫。

生、住、異、滅四相還可分爲一期的生滅和剎那的生滅。一期的生滅，是指比較明顯、大趨向的生滅現象，像成、住、壞、空四劫，或是人的一生，從出生、安住成長，開始衰老、生病，肉體漸漸毀壞，最後歸於死亡。再從另一個微觀的觀點來看，所有的現象在一剎那這麼短的時間內，也同時具有生、住、異、滅四相，不斷快速的遷變，這就是無常。

我們來看看「成、住、壞、空」四個時期的宇宙狀態。「成劫」，是第一個增減劫當中，先由初禪天慢慢到地獄界次第建立。在後面十九個增減劫之間，光音天的有情次第降生，有山河大地等器世間和各種生命等有情世間的成立。這個時期稱之爲「成劫」，也就是指一個宇宙的誕生，也就是指一個小千世界的生成。

從初禪天到地獄界，外在器世間先建立了，然後有情次第降生。《起世因本經》中說人類的祖先是從天界的光音天而來。經典中說：當這個世界剛生成時，光音天的天人，有的天福已享盡，定力薄弱的人，不安住在本處，當他們看到我們娑婆世界的地球剛形成時的狀態，非常明亮，呈現像牛奶一樣的白色，覺得非常有趣，於是從光音天來到地球，開始在這裏生活，地球環境也不斷持續變化。原本光音天的天人依靠光明爲生，到了地球之後，先飲用了甘泉，身體開始變粗重了。後來大地開始長出植物，他們又食用這些植物，後來又開始吃熟食。隨著食物的不斷變化，他們的身體越來越粗重，欲望也越來越重。原本是單性的生命，漸漸開始產生男、女的性別，繁衍生命，產生人類族群。

世界經過遽烈的變化而形成之後，也就是經過「成劫」之後，開始進入「住劫」，也就是世界較爲穩定安住的時期。這段期間長約二十小劫，此時的世界很穩固，比較不會有強烈的變化，有情的生活安定，生命的基本需求滿足之後，慢慢能朝向生命更深層的昇華，也有了修行的需求，於是而有諸佛的出世。

經過住劫之後，接著進入「壞劫」，也就是世界開始衰敗毀壞的時期。這段期間長約二十個增減劫。

這段期間，世界會產生火災、水災、風災這三種大災難，稱爲「大三災」，但這三大災並非同一壞劫中產生，而是在不同的時期產生。初禪在宇宙大三災的火災之中會散滅。這火災類似核爆炸，它的力量較小，約趨近於一個小的宇宙系（小千世界），也就是一千個太陽系的宇宙爆炸。在宇宙爆炸之前，初禪的衆生會積極修行，往生其他世界，或是投生到二禪、三禪等較上層的天界。

而二禪以上的光音天等天界，並不會受到大三災中火災的影響，所以還能安住。但是初禪以下，如地居天的世界、空居天、初禪等則毫無防護的力量，完全會被毀滅，所以這些世界的衆生，一定要修到二禪天以上，或是往生他方國土，這樣才不會被毀滅。這時二禪天以上的天人會來到初禪天及人間等，開始教化衆生，以「末世說」來警醒衆生，類似「世紀末」的災難說，它們預言宇宙會大爆炸，要大家努力修行，投生到上層的天界，一直到這個世界完全毀滅破壞爲止。

在壞劫前面的十九個增滅劫期間，上從初禪天，下至地獄的衆生，都會隨其業因，或是投生於二禪天之上，或是投胎到其他的世界。經典中說，在最後一個增滅劫時，這個世界會發生大火災，也就是超強的爆炸，初禪天以下的世界，包括欲界天、人間等世界會全部毀滅。壞劫之後空無一物，一切物質在爆炸之後都成爲微塵，也就是住入「空劫」的時期。

空劫也具有二十增減劫這麼長的時間。在這段期間，宇宙仍繼續積聚能量。雖然空無一物，但仍具有空間，只是沒有初禪以下的空間。生生不息地進入下一輪宇宙的成、住、壞、空。

在世界形成時，外在的山河大地、自然環境等會先形成，再開始有各種衆生生命的形成。世界毀壞時，則是人類等衆生先毀滅，山河大地等自然環境再毀壞。由於外在環境是從有情衆生界的共業而建立，因此，當有情衆生毀壞了，外在的器世間自然也就毀壞了。

人類的祖先是外星人嗎？

人類的祖先從哪裏來的呢？佛經中提出一個有趣的觀點——人類的祖先是從天界來到地球的。現在一般的論點，大多認爲人類是從人猿演化而來的。但人猿是如何進化到人類？人猿之所以能提昇，可能是交配改造不斷演化的結果，也可能是採用直接移植意識的方法，直接傳遞高等知識給人猿。誰是移植知識者呢？是外太空人嗎？人類的祖先是否是外太空人？

佛經中所提出的觀點，彰顯出宇宙是一個無限次元的世界，而且也是一個相互教導的過程，次元跟次元可以互相傳遞影響，互相化現教化。

◎人類的起源——光音天的傳說

在經典中記載，人類的祖先來自「光音天」，也就是色界第二禪最上層的天界。因爲這個世界的衆生不必用語言相互溝通，只是以定心發出光明，就可以互通心意，所以稱爲「光音天」。這裏的衆生身心質素非常清淨，壽命長達二劫。

光音天的天人爲什麼會成爲地球人的祖先呢？在《增一阿含經》卷三十四中記載：「或有是時，水滅地復還生。是時，地上自然有地肥，極爲香美，勝於甘露。欲知彼地肥氣味，猶如甜蒲桃酒。比丘當知：或有此時，光音天自相謂言：『我等欲至閻浮提，觀看彼地形還復之時。』」

當地球初形成時，地上自然產生一種地肥，發出甜蒲桃酒般醉人的香氣，吸引了二音天的天人。這些天壽將盡的天人，定力開始退失，容易受到誘惑，聞到這種香氣，就好奇的想前往探視。於是他們以神通力飛到地球。

「光音天子來下世間，見地上有此地肥，便以指嘗著口中而取食之。是時，天子食地肥多者，轉無威神，又無光明，身體遂重而生骨肉，即失神足，不復能飛。又彼天子食地肥少者，身體不重，亦復不失神足，亦能在虛空中飛行。」

當這些天人來到地球，看見地上甘美的地肥，好奇地取了點嚐嚐，覺得很好吃，有的忍不住多吃了一些。這時，吃得太多的天人，原本光明的天身轉爲暗淡，身體也變得粗重了，失去了自在飛行的神足通。那些吃得不多的天人，則還保有神通。

「是時，天子失神足者，皆共號哭自相謂言：『我等今日極爲窮厄，復失神足，即住世間，不能復還天上，遂食此地肥。』各各相視顏色。彼時天子欲意多者，便成女人，遂行情欲，共相娛樂。是謂比丘！初世成時，有此淫法，流布世間，是舊常之法，女人必出於世；亦復舊法非適今也。是時，餘光音天見此天子以墮落，皆來呵罵而告之曰：『汝等何爲行此不淨之行？』是時，衆生復作是念：我等當作方便，宜共止宿，使人不見。轉轉作屋舍，自覆形體。是謂比丘！有此因緣，今有屋舍。」

這時，那些失去神通的天人悲傷的哭喊：「怎麼辦啊！失去了神通，再也不能回到天上去了，只能住在這裏，吃地肥過活了！」由於食用地球的食物，天人原本清淨的心行也變得欲望增盛，於是情欲較重的天人，就變爲女人，共相娛樂。有的天人看了就責備他們不應行不淨之行，這些天人也覺得羞慚，於是他們就蓋了房舍，方便一起居住，據說這是人間開始有男、女兩種姓別及有房舍的開始。

「比丘當知：或有是時，地肥自然入地，後轉生粳米，極爲鮮淨；亦無皮表，極爲香好，令人肥白；朝收暮生，暮收朝生。是謂比丘！爾時始有此粳米之名生。

比丘！或有是時，人民懈怠不勤生活。彼人便作是念：我今何爲日日收此粳米？應當二日一收。是時，彼人二日一收粳米。爾時，人民展轉懷妊，由此轉有生分。」

後來，地肥漸漸消失了，大地開始生出營養的粳米，早上採收，晚上又生。但是衆生耽於享樂，不久之後，女人開始有了懷妊的現象，繁衍生育，生養衆多。據說這就是人類的祖先。

佛經中說人類的起源來自光音天，這種說法是一種「交互化身說」，有象徵意義和內在寓意。這種說法已經排除了人類是單一創造者（如：大梵天（上帝）所創造的觀念，而認爲：「宇宙的文化乃是一種交互的教育而形成」。從天界來的生命，在地球上生活之後，與地球的環境交互影響逐漸演變成新的生命型態。

世紀末的災難——大三災與小三災

世界從最初形成的「成劫」，到安穩安住的「住劫」，慢慢衰敗毀壞，進入「壞劫」。在這個時期，世界會開始災難頻仍，約略來講有所謂的「小三災」及「大三災」。小三災，是指在一住劫中有二十個增減劫，在減劫時會生起小三災，也就是「刀兵災」、「疾疫災」、「飢饉災」等三種災難。「刀兵災」是指戰爭、殺伐等災難，像世界大戰就是屬於此類。「疾疫災」是指各種疫疾、傳染病，像SARS、禽流感等即屬此類。「飢饉災」則是糧食不足、飢荒的災難。

這些災惡都是衆生的共業所感召，並非憑空而來。由於衆生恐懼苦果、欣於享樂，所以被遇到各種災難苦迫時，容易發起善心，漸漸累積福報，於是外在環境也漸入佳境。但在太平已久，享受習慣之後又忘了行善增長福報，開始種種放逸惡行，於是福報又減少，天災人禍動亂不安如此輾轉循環，壽命增增減減，「增劫」和「減劫」就是這樣產生的。

大三災，是在住劫過而入於壞劫後產生的災難。「壞劫」有二十個增減劫，前面十九個增減劫會毀滅人類等有情世間，最後一個增減劫則會毀壞山河大地等器世間。壞劫時有可能會產生大三災中的其中一種，端看此壞劫是屬於第幾大劫。第一劫到第七大劫的壞劫時，是火災來破滅燒毀世間，第八大劫則是水災。七個火災後有一個水災，經過七七四十九次的火災再加上七次的水災，再加上七次的火災之後，會有一次風災。所以一共經過六十四個大劫，這其中有的大劫是壞於火災，有的是壞於水災，有的是壞於風災，各有差別。

這其中火災次數最多，一共有五十六次，水災佔七次，而風災僅有一次，所以由此可知這是以風災一次爲計算單位，總爲六十四個大劫，在第六十四個大劫時，才有一個風災。

大三災時是有情世間和器世間全部毀滅的狀況，小三災是有情之間的互相侵凌，對於器世間的破壞比較小，大三災則是具有可怕的摧毀力量：火災，就像宇宙的爆炸，能摧毀一切，它焚燒至初禪天。水災，就像北極的冰山溶化，能把所有的東西淹沒，它所釋放的能量也是很可怕的，能夠淹至二禪天。風災，是黑風吹動整個世間，除了像颶風、龍捲風等風災之外，強烈的風災更能把世間整個吹化散掉，就像粒子旋到最後入空的世界，宛如黑洞，把所有的物質吸住，它的威力最大，能夠破壞到三禪天。

火災會壞到初禪世界，所以一個大劫盡時，會有一個火災壞至初禪，而初禪以下的人都會住生二禪或他方世界。七個大劫七次火災之後，會有一次水災，水災會連二禪的世界都摧毀掉，眾生要到三禪天才得以安全。七七四十九次的火災再加上七次的水災，再加上七次的火災，也就是第六十四劫有風災，這時連三禪也全部毀壞，而四禪以上不壞。

小三災和大三災都是由眾生的貪、瞋、痴三毒所相應而出現的；如：飢饉災是貪欲所造成的果報，刀兵災是瞋恚所成的果報，疾病是愚痴所成的果報。而大三災也是由貪瞋痴的果報所成，只是更爲強烈，強烈到使整個宇宙的共業物質毀壞；而水災來自貪欲，火災來自瞋念，風災則是痴念所成。

如果我們希望不要遭遇這些災難，就要以不斷的願力，以及不斷相續累積的福報，才能避免這些災難。

第二章 這個宇宙中的世界

佛教的世界觀

佛教對世界的觀察如何呢？「世界」世界（梵loka-dhātu）音譯爲「路迦駄睹」，意思是「可毀壞的處所」，略稱爲「界」，也就是衆生居住所依止之處，如山川國土等。

根據《大樓炭經》、《長阿含》、《起世經》所說，一個日月系統所照耀的四天下就是一個世界；一千個一世界成爲一個「小千世界」；一千個一小千世界爲一個「中千世界」；一千個中千世界爲一個「大千世界」；這是一位佛陀所教化的區域。這也就是我們常聽說的「三千大千世界」，而宇宙中存在無數個三千世界。

《俱舍論》卷十一中說：「四大洲日月，蘇迷盧欲天，梵世各一千，名一小千界，此小千千倍，說名一中千，此千倍大千，皆同一成壞。」佛教的宇宙觀中，認爲這個宇宙有無數的世界，以須彌山爲中心，上自色界初禪，下至大地底下的風輪，其間包括四大洲、日、月、欲界六天及色界梵世天等爲一小世界。一千個小世界，稱爲一個「小千世界」。

《長阿含經》卷十八中說：「一小千世界中有千日月、千須彌山王、四千天下、四千大天下、四千海水、四千大海、四千龍、四千大龍、四千金翅鳥、四千大金翅鳥、四千惡道、四千大惡道、四千王、四千大王、七千大樹、八千大泥、十千大山、千閻羅王、千四天王、千忉利天、千焰摩天、千兜率天、千化自在天、千他化自在天、千梵天。」

⊙佛經中的三千大千世界

佛法中所說的三千大千世界，是指一個佛土世界，也就是一位佛陀所教化的區域。爲什麼會有這樣的說法呢？這是受到印度文化的影響，佛法將之融受並加以昇華所形成的說法。在佛法的世界觀中，世界是以須彌山爲中心，有太陽、月亮形成一個系統。

會以太陽和月亮爲主體，是因爲日月和我們的生活息息相關，是不是每一個世界的系統都是如此呢？不一定。像對深海的生物而言，它們是看不到日光、月光的，它們甚至沒有眼睛。因此，這種以太陽和月亮爲系統的世界觀，對它們而言就沒有意義了。而像極樂世界的土地都是平坦的黃金大地，沒有高山丘陵等，沒有須彌山，自然也不可能以須彌山爲中心。因此，經典中所說三千大千世界，是以人類文化的發展、世間的因緣所建構這個宇宙觀。其他的世界不必然如此，但也有和我們這個世界系統相似的世間。

三千大千世界，就像我們所看到的銀河系，這個銀河系中，經典中認爲約有十億個恆星系統，一個恆星系統相當於一個太陽系。十億個太陽系即一個佛世界。這樣的區域，大約是一位佛陀出現教化的範圍。

除了三千大千世界之外，從《大智度論》中的記載，更可看出佛教廣大無盡的宇宙觀。

而住在我們這個世界的生命，大致可分爲六類：地獄、餓鬼、畜生、阿修羅、人間、天界等六道，這就是我們常聽說的「六道輪迴」。其中，地獄、餓鬼、畜生、阿修羅、人間等五道有情所住的世界，屬於「欲界」。而天界之中，有色天所住的世界稱爲「色界」，沒有形體，單純爲心意識存在的無色天所住的世界稱爲「無色界」。「欲界」、「色界」、「無色界」就是所謂的「三界」。而有諸佛的淨土則不在這三界的範圍。

⊙佛法對這個世間的分類

在原始佛法中，也有用「二世間」來分析世界的——「有情世間」和「無情世間」，也就是將世界區分成有生命與無生命的世界。「有情世間」是指由「色（物

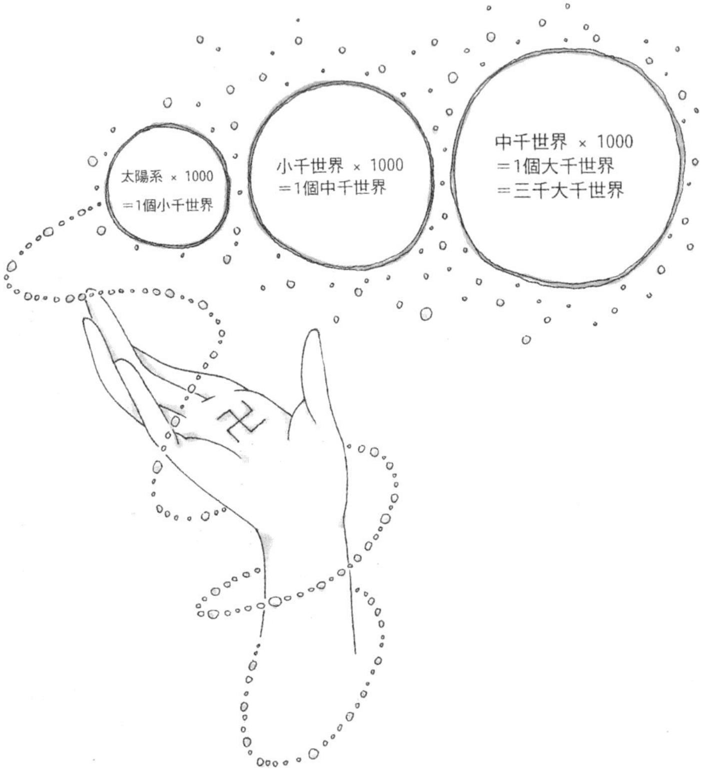

太 陽 系 x 1000 = 1個小千世界

小千世界 x 1000 = 1個中千世界

中千世界 x 1000 = 1個大千世界＝三千大千世界

三千大千世界

質）、受（感受）、想（思想）、行（生命意志）、識（意識）等五蘊假合而成，像：人、鬼、畜牲、地獄、天神等，都是屬於「有情世間」。

「無情世間」是指是外在的山河大地、外在環境等實質世間，也就是所謂的「器世間」，是由地、水、火、風、空五大元素所積聚。有山河大地的建立，才能容納有情衆生。佛法中認爲：有情是「正報」，也就是業報的主體，器世間是「依報」，是由於有情世間所感應而形成的世間。

而外在的器世間和我們主體的有情世間，是不是有截然分明的界線呢？這個問題自古以來就有許多討論。到底生物與無生物的界線在哪裏呢？隨著現代科技越來越進步，檢測的精密度越來越高，兩者之間的分野也越來越難界定。

從另一個角度來看，佛法中認爲：外在世界是由衆生的共業所成，如果共同的善業增長，外在世間自然就轉化了。相反的，如果衆生充滿貪心、瞋怒等心念，行種種惡業，如此也會感應外在的世間災難頻仍，動蕩不安。由此可知，器世間和有情世間實際上是息息相關的，並不是截然二分的。

在一個世界裏有哪些生命，它們又是如何分佈的呢？佛法將一個世界裏的空間大致分為「地居」和「空居」，也就是居住在地底、地上和空中這兩種型態。一般而言，人、畜生、地獄、餓鬼、修羅等五道都在地居，空居則只有天界。此外，地居也有天道，稱為「地居天」。

「地居」可分為三界——「琰魔王界」、「金輪王界」、「帝釋天界」。「琰魔王界」包含了「地獄」和「餓鬼」二道，都是在地下。「金輪王界」，就是轉輪聖王所統治的世界，包括了「人道」和「畜生道」，居住在地面上。「帝釋天界」，也就是帝釋天王所統治的的範圍。帝釋天王也就是俗稱的「玉皇大帝」或「天公」，其所統治的範圍是忉利天、四天王天等二天界，以及世間鬼神、仙道。仙道是指由人所修持成仙的型態。以上是屬於「地居」的範疇。

再來看「空居」的範疇。空居有四層天界，即：夜摩、兜率、化樂、他化自在天。此外，雖然色界的二禪、三禪、四禪也是居住在空中，但一般並不將其歸於空居的範疇，因空居和地居都是指欲界的範疇。

如果以須彌山為主體來看，世界是以須彌山為中心，帝釋天居於須彌山頂，四天王則於山之半腰處。山之周圍有七香水海七金山，第七層金山外有鹹海，鹹海之

欲界生命分佈圖

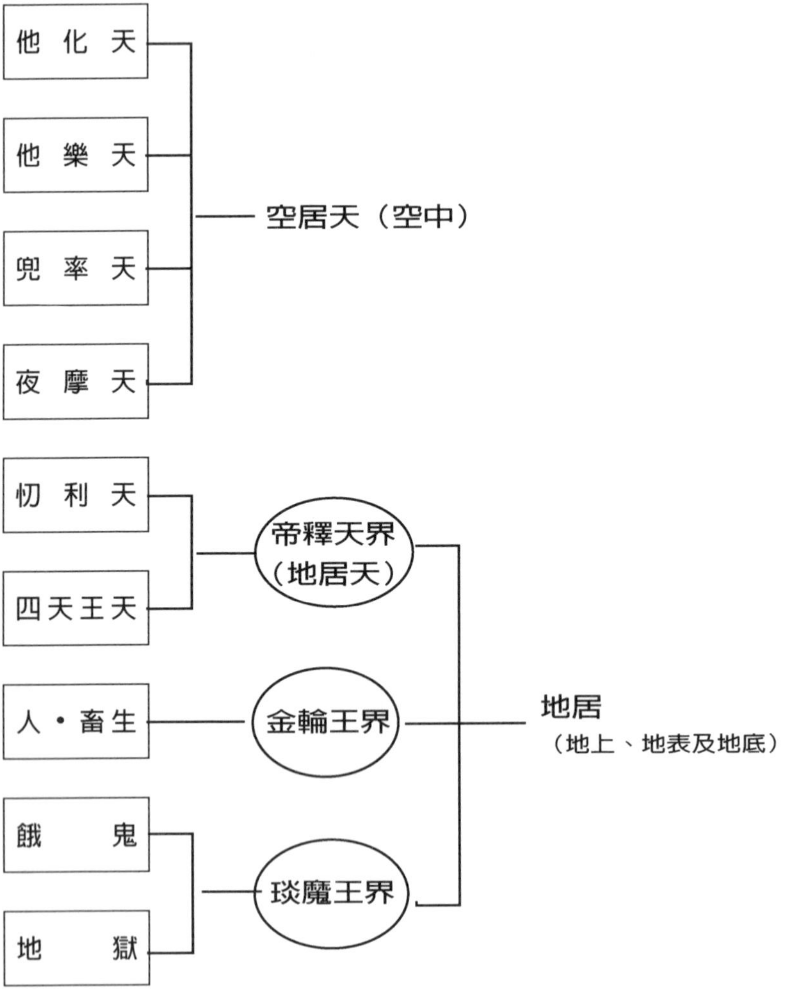
他化天
他樂天
兜率天
夜摩天
空居天（空中）
忉利天
四天王天
帝釋天界（地居天）
人・畜生
金輪王界
餓鬼
地獄
琰魔王界
地居
（地上、地表及地底）

外圍即是鐵圍山。南贍部洲（南閻浮提）、東勝神洲、西牛貨洲、北俱盧洲四洲就分佈在鹹海的四周。須彌山沒入水中的高度是八萬由旬，出水高度則亦有八萬由旬。

世界的中心——須彌山

在佛教的宇宙觀裏，以須彌山（梵Sumeru-parvata），爲世界的中心，是屹立於世界中央金輪上的巨大高山，或譯作「須彌樓」、「修迷樓」、「蘇迷盧」，略稱「迷盧」（Meru），意譯爲「妙高」或「妙光」。

須彌山周圍有七山七海繞其四周，它的深度入水八萬由旬，高出水面的部份高達八萬由旬，深、寬也是相同。其周圍有三十二萬由旬，由四寶所成，北面爲黃金、東面爲白銀、南面爲琉璃、西面爲頗梨。而須彌山四方的虛空色，也由這些寶物映照出美麗的光輝。

七金山與須彌山間的七海，稱爲「內海」，其中充滿八功德水，七金山外隔著鹹海，稱爲「外海」，外有鐵圍山，鹹海中有所謂的「四大洲」，即北方鬱單越洲、東方弗婆提洲、南方閻浮提洲、西方瞿耶尼四大洲，也就是所謂的「須彌四洲」。

在上列諸山中，須彌山及七金山皆爲方形，只有鐵圍山是圓形。以上九山、八

須彌山

海由風輪、水輪、金輪等三輪所支持。風輪在最下，其量廣無數，厚十六億由旬，其上有水輪。水輪上部則凝結成金輪。水、金二輪深度共達十一億二萬由旬，下方八億由旬是水輪。而兩輪之廣，直徑十二億三千四百五十由旬。

最初世界開始形成時，由於有情業增上力，而有風輪生起，依止於虛空，又依有情之業力，生起大雲雨，澍於風輪之上，後積爲水輪，又因業力風起擊水，上部結爲金輪。這是有情的依處，即器世間，住在此間的有情有天、人、阿修羅等六趣。

諸天中有地居天、空居天之別，六欲天中的忉利、四王二天屬地居天位，忉利天位於須彌山頂上。四王天位於須彌山的第四層級。又須彌山的第三層級以下，有四王天的眷屬夜叉神止住。七金山以及日輪、月輪的宮殿內，也有四王天的眷屬止住。六欲天（欲界）上面的色界四禪十六天，其上更有無色界四天。

依上述三輪的支持，由九山、八海、四洲構成的國土，稱爲一世界或一須彌世界。一千個須彌世界稱爲中千世界，一千倍的中千世界稱爲大千世界。由於有小中大的區別，所以總稱爲三千大千世界，這是一位佛陀所教化的區域。

我們這個世界是以六道中二十五種生命存有的有情爲主。

而六道衆生在空間上的分佈如何呢？

地獄在南閻浮洲下一千由旬至四萬由旬間，有等活地獄至無間地獄的八熱地獄。阿修羅趣以須彌山麓與須彌海爲本處，又遍佈在各處，經常和忉利天、四王二天天發生戰鬥。人趣居四大洲及其眷屬八洲，但南洲所屬的遮末羅洲，是羅刹的住處。四王、忉利等六欲天，及色界、無色界都是天道的住處。

人類生活的領域——四大洲

在佛教的宇宙觀中，這個世界以須彌山爲中心，有四大洲分別位於須彌山四方，乃人類所居住的區域。這四大洲又稱爲四天下，東方爲弗婆提洲，南方爲閻浮提洲，西方爲瞿耶尼洲，北方爲鬱單越洲，此四大洲又稱東勝身洲、南贍部洲、西牛貨洲、北俱盧洲。我們所處的地球，就是四大洲中的南贍部洲。

四大洲的洲側各附屬有兩個中洲：

東勝身洲側之(1)提訶洲，意譯爲身洲；(2)毗提訶洲，意譯爲勝身洲。

南贍部洲側爲(1)遮末羅洲，意譯爲貓牛洲；(2)筏羅遮末羅洲，意譯爲勝貓牛洲。

西牛貨洲側之(1)舍諦洲，意譯爲諂洲；(2)嗢呾羅漫怛里拏洲，意譯爲上儀洲。

北俱盧洲側之(1)矩拉婆洲，意譯爲勝邊洲；(2)憍拉婆洲，意譯爲有勝邊洲。

這八個中洲與四大洲相同，都有人類居住。

雖然四大洲都是人類居住的範圍，但根據經典中的記載，四大洲所居住的人類在身形相貌及風土人情上都有相當的差異。以下分別介紹之。

⊙東方弗婆提洲

東方為弗婆提洲（Pûrva-videha），又稱為東勝身洲，在《起世經》卷一中記載著：「諸比丘，須彌山王東面有洲，名弗婆提，其地縱廣九千由旬，圓如滿月；彼洲人面還似地形。」

為什麼叫做「東勝身洲」呢？在《立世阿毗曇論》卷六〈云何品〉中記載：「云何名為東毗提訶？此地在剡浮東故，形相可愛利養勝故，故說東毗提訶。」《慧琳音義》卷四十一東勝身洲條下則說：「於四洲中，此洲人身形殊勝，故名身勝洲也。」就我們所處的閻浮提世界而言，此洲位於我們東方，加上此地的人類身形高大，莊嚴殊勝，因此稱為「東勝身洲」。

關於東勝身洲的地形，《長阿含經》卷十八〈閻浮提洲品〉中說：「須彌山東有天下，名弗于逮，其土正圓，縱廣九千由旬，人面亦圓，像彼地形。」《立世阿毗曇論》卷二〈四天下品〉也說：「東弗毗提大廣二千三百三十三由旬，又一由旬三分之一，周迴七千由旬，地形團圓，猶如滿月，多有諸山，唯有一江。」由此可知其地形爲正圓形，如同滿月一般。其中多高山，只有一江。

而此地的風土人情，《立世阿毗曇論》則說：「是山中間，安置諸國，人民富樂，無有賊盜，悉多賢善，充滿其國。」東勝身洲的人民居住在山谷間，民生富足，治安良好，不但沒有盜賊，而且國內多有賢善之人。

此外，此洲也是庫藏豐富之地，而且人民奉行佛法。經中說此地：「一切諸山，並是金寶，耕犁鏵斧及諸器物，並是眞金，其一江者，名曰薩闍，其江浦岸，並皆可愛，淨命賓頭盧於彼岸側，起僧伽藍。」佛陀曾命弟子賓頭盧尊者，在東勝身洲的薩闍江側建佛寺，教化此地人民。

⊙南方閻浮提洲

南閻浮提洲（Jambu-dvīpa），又稱爲南贍部洲，也就是我們所居住的地球。經典中記載著：「諸比丘，須彌山王南面有洲，名閻浮提，其地縱廣七千由旬，北闊南狹，如婆羅門車；其中人面還似地形。」

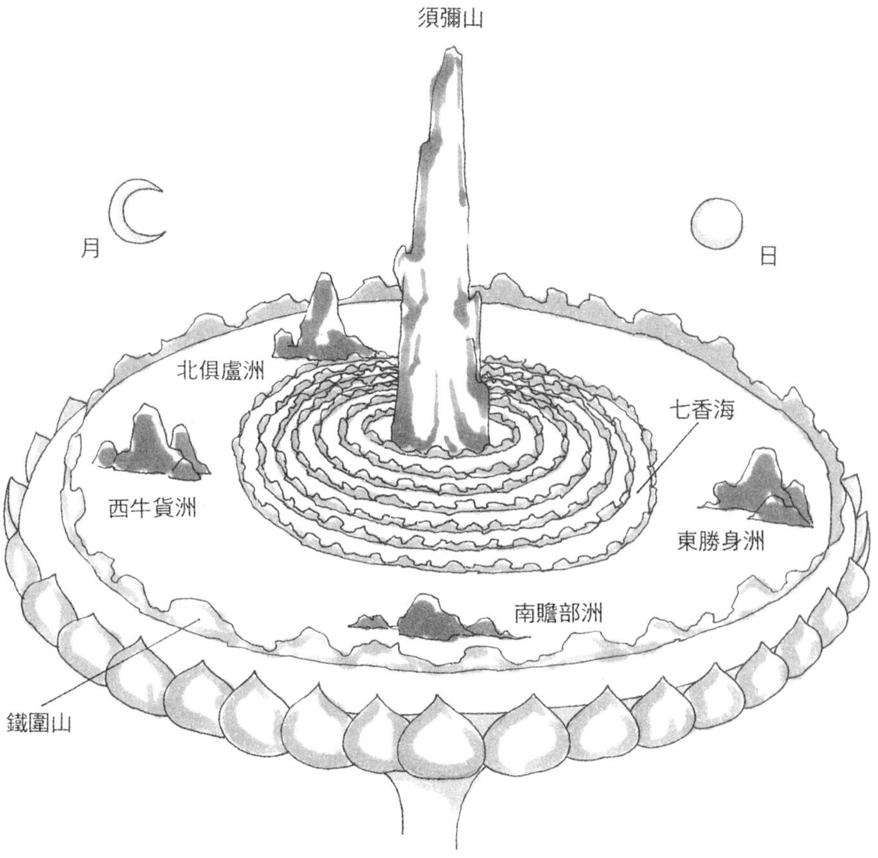

須彌山與四大洲

閻浮提位於須彌山之南，七金山與大鐵圍山之間，大鹹海之中。音譯又作贍部洲。

爲什麼叫做「閻浮提」呢？在《玄應音義》中說，「閻浮」是指閻浮提樹。從樹立名，「提」是「提鞞波」的簡寫，是「洲」的意思。

《立世阿毗曇論》卷一〈南閻浮提品〉中說，南贍部洲的中心有一株廣大的閻浮提樹，因此這個洲又稱爲「閻浮提洲」。此樹的株本，位於閻浮提洲正中央，如果從樹株中央，取東西角，寬達一千由旬。此樹生長，具足各種可愛樂的形貌，枝葉相覆，密厚多葉，長久不凋，一切風雨都不能侵入。

南贍部洲是「勝金洲」、「好金土」的意思，因爲閻浮樹的樹根皆是妙好的閻浮檀金砂所覆蓋，加上其地位於須彌山之南，因此又稱爲而閻浮洲、南贍部洲。

《起世經》中說：「須彌山王南面有洲，名閻浮提，其地縱廣，七千由旬，北闊南狹，如婆羅門車。其中人面還似地形。（中略）南面天青琉璃所成，照閻浮提洲，（中略）此閻浮洲有一大樹，名曰閻浮，其本縱廣亦七由旬，乃至枝葉垂覆五十由旬。」

南閻浮提的地形如經中所說，是北寬南狹的形狀。《俱舍論》中也說：「外海中大洲有四，其中南贍部洲北廣南狹，三邊量等，其相如車。南邊唯廣三踰繕那半，三邊各二千踰繕那。」

經中並提到南贍部洲相關的地理位置：「側有二中洲，一曰提訶洲，一曰筏羅遮末羅洲。此外，此贍部洲從中向北，三處各有三重黑山。黑山之北有大雪山，大雪山北有香醉山。」在南贍部洲側有兩個中洲，一是提訶洲，另一個筏羅遮末羅洲。南贍部洲從中央向北方，三處各有三重黑山。黑山的北方有大雪山，大雪山之北有香醉山。

經中又說：「雪北香南有大池水，名無熱惱（阿耨達池）。出四大河，⑴殑伽河，⑵信度河，⑶徙多河，⑷縛芻河。無熱惱池縱廣正等，面各五十踰繕那量，八功德水盈滿其中，非得通人無由能至。池側有贍部林，樹形高大，其果甘美。又，此洲有大國十六，中國五百，小國十萬。」

在雪山北方，香醉山南方，有一座大水池，叫做「無熱惱池」，也就是「阿耨達池」。從這裏流出四條大河，分別是⑴殑伽河，⑵信度河，⑶徙多河，⑷縛芻河。無熱惱池長寬相等，各長五十踰繕那量，池中充滿八功德水。這裏不是一般人能到達的地方。在池側有大片的閻浮提樹林，樹形非常高大，果實甘美。南贍部洲中有十六個大國，五百個中國，十萬個小國。

閻浮樹

經典中所記載的閻浮提樹，是傳說中的神木。《立世阿毗曇論》卷一〈南閻浮提品〉中記載著：閻浮提的中央就是一棵巨大的閻浮提樹，它的根位於閻浮提洲正中央。如果從樹株中央，取東西角，寬達一千由旬。這棵巨樹具足各種令人愛樂的形貌，它的枝葉相覆，密厚多葉，一切風雨都不能侵入，而且經久不凋。

閻浮提樹所開的花朵，就像人們取來做為花鬘或別在耳際的花朵一樣美麗。此樹的枝葉上如華蓋，次第相覆，高達百由旬，而且樹身高直，沒有凹凸不不的瘤節。它在樹身高五十由旬之處，才有枝條，樹身直徑達五由旬，樹圍達十五由旬。而它的每一枝幹，橫出五十由旬。它的果子成熟的時候，甘美無比，就像細好的蜂蜜一樣甜美。其果實大如甕，果核就像一般世間閻浮提樹的果核。

由於閻浮提樹的枝葉茂密，當春雨時節，樹下不會漏濕，夏天不熱，冬天的風寒也不會進入，因此常有乾闥婆及夜叉神，依於樹下而住。

◉西方瞿耶尼洲

西方瞿耶尼洲（Apara-godaānīya），又稱爲西牛貨洲。經典中記載著：「諸比丘，須彌山王西面有洲，名瞿陀尼，其地縱廣八千由旬，形如半月；彼洲人面還似地形。」

此洲於須彌山西方，處於七金山與大鐵圍山之間，縱橫八千由旬。由於此地多產牛隻，並以牛交易買賣，所以稱爲「西牛貨洲」。在《玄應音義》卷十二中說：「『瞿』，此譯云牛；『陀尼夜』，此云取與，以彼多牛市易，如此間用錢帛等，或云有石牛也。」

關於西牛貨洲的地形，經論中所記載的各有差異。有的說如半月形，有的說如圓月形，各家說法不一。

而本洲的人民，如果和我們地球人相比較的話，在勇猛強記、能起業行、勤修梵行等三方面，我們略遜一籌；但在地球的牛、羊及寶石珠玉等三方面則比西牛貨洲豐富。至於男女結婚，身身相接，陰陽以成，這點和我們相同。西牛貨洲的人民身高和我們差不多，但平均壽命則比我們長，有說爲二百歲或二百五十歲，也有認爲是五百歲。

◉北方鬱單越洲

北方鬱單越洲（Uttara-kuru），又稱爲北俱盧洲。

經典中記載著：「「諸比丘，須彌山王北面有洲，名鬱單越，其地縱廣，十千由旬，四方正等；彼洲人面還似地形。」

此洲位於須彌山北方。根據《大樓炭經》〈鬱單曰品〉記載，此洲周匝廣長各四十萬里，區中有無數種種山。河的兩岸有種種樹，河水徐行，其中有種種華。兩岸有船，彩畫姝好，以金銀、琉璃、水精作成。洲的中央有浴池，廣長四千里，其中的水涼軟清澈。池裏有青、黃、白、赤等種種顏色的蓮華，發出種種光明，其華光照耀四十里，蓮華的芳香濃郁，連四十里之外都聞得到。當蓮根採擷下來時，會從莖中流出一種像牛奶一樣的汁液，味甜如蜜。

浴池東南西北各有遊玩的林園，其中以七重欄楯、七重交露、七重行樹周匝圍繞，都是四寶交織而成。園林中有香樹、衣被樹、瓔珞樹、不息樹、器樹、音樂樹等。如果將華朵或果實切開，會從其中發出種種香味、出現種種衣被、種種瓔珞、種種器具、種種音樂，宛如聚寶盆一般。此地又有潔淨的粳米，不必辛勤耕種，自然生長。要吃飯的時候，則取粳米來煮。煮的方式也很特別，在鍋釜下放置一種叫「焰珠」的東西，它就會自己發光，飯也熟了。

此地無盜賊惡人，不必教導就自然奉行十善業。這裏的男女關係並沒有專屬的關係，任何人只要彼此有意，就可以進入園觀中，共相娛樂。

北俱盧洲的人民面色皆同等，身高大約一丈四尺，頭髮呈紺青色，他們都留著長髮，髮長達八尺。此地的人大小便時，完事後地面會裂開，將便溺等污穢沒入地中，所以此洲非常清潔，不需要有廁所、化糞池等處所。此地的人如果死了，就將死者置之四通八達的大馬路上，自然有鬱遮烏來將遺體運往此洲之外。

關於北俱盧洲的記載，早在印度《梵書》時代就已經有此洲的傳說。後來，在《羅摩衍那》、《摩訶婆羅多》等書中也常可見此洲的傳述，此地幾乎可說是印度人憧憬嚮往的理想國。

佛教經論中，屢屢可見有關此洲的記事，而巴路特（Bharhut）塔欄楯，也可看到其國共同飯食的圖案，由此可見，在佛陀滅度，關於北俱盧洲的信仰還是很盛行。

我們所居住的世界——娑婆世界

「娑婆世界」是指我們現在所居住的世界，「娑婆」意譯爲「堪忍」、「忍」、「能忍」、「雜會」、「雜惡」或「恐畏」等，這是指釋迦牟尼佛所教化的佛土，也就是我們所居住的這個世界。

《悲華經》卷五中記載著這個世界稱爲娑婆世界的原因：「此佛世界當名『娑婆』。何因緣故名曰『娑婆』？是諸眾生忍受三毒及諸煩惱，是故彼界名曰：『忍土』。」這是說明我們這個世界被稱爲「娑婆世界」的原因，是指這個世界無論是眾生的身心條件或是外在環境都很惡劣，而此地的眾生竟然能忍受安住，而被稱爲「堪忍」世界。

娑婆世界有那些惡劣的條件呢？在《阿彌陀經》中說：「釋迦牟尼佛能爲甚難希有之事，能於娑婆國土五濁惡世劫濁、見濁、煩惱濁、眾生濁、命濁中，得阿耨多羅三藐三菩提，爲諸眾生說是一切世間難信之法。」

「五濁惡世」是指五種惡劣的生存狀態。在佛教的宇宙觀裡，是指減劫時所生起的五種污濁。具有這五種惡劣生存狀態的時代，經典稱之爲「五濁惡世」。

其中所說的：「劫濁、見濁、煩惱濁、衆生濁、命濁」，總括了這個世界惡劣的條件：「劫濁」是指這個世界正處於混亂不安的時劫，天災人禍頻仍，衣物、飲食等民生必需品具皆衰損。「見濁」是指這個世界的人邪見增盛，錯誤顚倒的觀念盛行。「煩惱濁」是指這裏的衆生受到貪、瞋、痴三毒煩惱侵擾，「衆生濁」是指這個時代的衆生身形微小羸弱，而且人際關係混亂惡劣，人與人之間彼此攻詰、不信任，「命濁」是指這個世界的衆生壽命短促，可以說是一個苦迫熾盛的世界，因此，被稱爲「娑婆」（堪忍）世界。

在《法華經》〈方便品〉即說：「舍利弗！諸佛出於五濁惡世，所謂劫濁、煩惱濁、衆生濁、見濁、命濁。如是舍利弗！劫濁亂時，衆生垢重，慳貪嫉妒，成就諸不善根故，諸佛以方便力，於一佛乘分別說三。」

由於這個世界的內在、外在環境都如此惡劣，因此其他諸佛都贊歎釋迦牟尼佛，能在這麼惡劣的環境中成佛，而且爲這個世界煩惱深重、心性剛強難伏的衆生，宣說甚深難信的妙法，實在是太難得了！

不過，這個娑婆世界也是有好處的。經典中說，正因爲這裏的衆生剛強難化。如果能度得了他們，就能成就菩薩大行。也就說，這個世界是菩薩修行的好所在。在《維摩詰所說經》卷下〈香積佛品〉中說：「此娑婆世界有十事善法，諸餘淨土之所無有，何等爲十？以布施攝貧窮，以淨戒攝毀禁，以忍辱攝瞋恚，以精進攝懈怠，以禪定攝亂意，以智慧攝愚癡，說除難法度八難者，以大乘法度樂小乘者，以諸善根濟無德者，常以四攝成就眾生，是爲十。」

經中說，這個娑婆世界有十種善法是其他淨土所沒有機會修持的，由於這個世間有貧窮、毀戒、瞋恚、懈怠、散亂、愚痴等人，因此菩薩就得以修習布施、持戒、忍辱、精進、禪定、智慧等六波羅蜜來度化他們，而得以修持殊勝的菩薩行。因此，在《無量壽經》卷下中記載：「於此修善十日十夜，勝於他方諸佛國中爲善千歲。」這是說在娑婆世界中修行十天，勝過在其他佛土中行善千年。

從這個觀點看來，這個煩惱的世間，也正是成就菩薩莊嚴的道場了。

大小互容・相攝無盡的宇宙——華嚴世界海

在佛法的觀點中，我們所生活的這個世界只是無數世界海的一個小世界。那麼，這個宇宙的全貌又是如何呢？在佛法中認爲這個宇宙是安置於一個巨大的蓮華之上，在這蓮華之中有無數的世界，稱爲「蓮華藏世界海」。

「華」，指的是蓮華；「藏」，是指蓮華含藏種子之處。因爲華藏世界中所有的世界、世界種，都含藏於大蓮華之中，安住在大蓮華之上，所以稱爲「華藏」。而這個華藏世界，是毘盧遮那如來在修習菩薩行時，親近世界海微塵數那麼多的佛陀，修治世界海微塵數的大願，所莊嚴清淨而成就的世界。

《梵網經》中也說這個世界是由千葉大蓮華所組成，各各蓮華有百億須彌、四天下、南閻浮提。盧舍那佛（毘盧遮那佛）安坐於蓮華台上，自身化成千釋迦，於千葉中的世界說法。千釋迦又化現爲爲千百億菩薩釋迦，也就是未成佛時的釋迦菩薩，各各在菩提樹下說法。經中如是描寫：「盧舍那佛（中略）住蓮華台藏世界海，其台周匝有千葉，一葉一世界爲千世界，我化爲千釋迦，據千世界，後就一葉世界，復有百億須彌山、百億日月、百億四天下、百億南閻浮提、百億菩薩釋迦，坐百億菩提樹下，各說汝所問菩提薩埵心地。」

這種認爲整個宇宙安住在蓮華藏的宇宙觀，融受了印度婆羅門教的說法。依照婆羅門教的宇宙觀，他們認爲這個世界最初是毗濕奴神出現於水中，從其臍上出生蓮華，再從蓮華中生梵天，而梵天則創造世界。佛教攝受了這個說法，保留了這個傳說外在的形貌，但卻改變了其內在意義，更進一步將其昇華。

《華嚴經》中有〈華藏世界品〉，其中普賢菩薩非常詳細地介紹華藏世界海之形狀景況，還有各種迥異於人間，其他世界的介紹。

華藏世界的基本結構，是以一巨大的蓮華爲主體，而這朵蓮華是由無數廣大的風輪扶持著，這些風輪一個接一個，層層往上，最上方的一個風輪稱爲「殊勝威光藏」風輪，它扶持著「普光摩尼莊嚴香水海」，而含容宇宙中所有世界的大蓮華——「種種光明香幢」，就安住在其上。在大蓮華的四周，有金剛輪山周匝圍繞著。

這種風輪扶持香水海、海中有華的世界形相，如果從凡夫眾生的立場來說，是生命無明的妄想風，持著如來藏識、法性海，出生無數因果，含攝世間與出世間未來果法。如果是從諸佛的境界來說，則是以大願風執持大悲海，而出生無邊行華，含藏法界萬境，重疊無礙。藥香幢蓮華的生起，象徵著佛陀從覺悟的智慧中，因應於自身往昔的修行因緣，及相應於不同衆生的需求，出生種種不同的世界。

華藏世界中，有爲數不可說、不可數的香水海，一一香水海都有一世界種類安住，每一個世界種類中又都安住了不可說數的世界。這些世界海的結合，就像帝釋天的珠網一般，以一大珠當中心，第二層珠貫穿圍繞此珠心，第三層珠再各爲珠心，讓第三層珠貫穿圍繞，如此次第輾轉相遞繞，形成四面八方看去皆是橫縱相從的網狀，各珠之間皆能交相互攝。

在《華嚴經中》詳細地描述了這種莊嚴的境界，以中間的香水海爲主軸，廣說華藏世界海中層層相攝的情形。從經中的介紹，我們更能體會到華藏世界海的不可思議。

最中間的香水海名爲：無邊妙華光香水海，其世界種稱爲：普照十方熾然寶光明世界種（見圖一），其四周有十個香水海圍繞。每一個香水海一定配一個世界

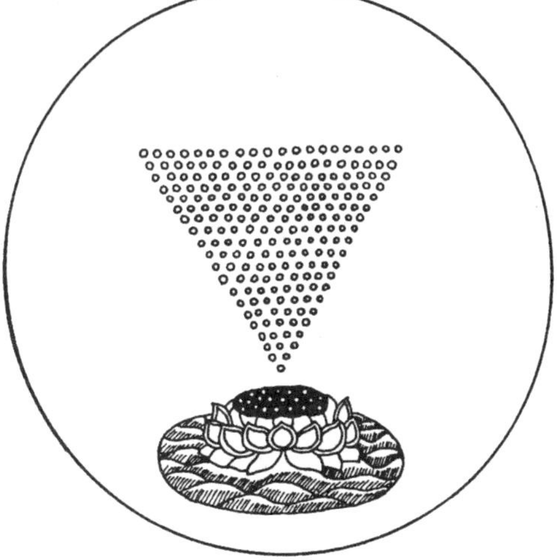

• 普照十方熾然寶光明世界種（圖一）

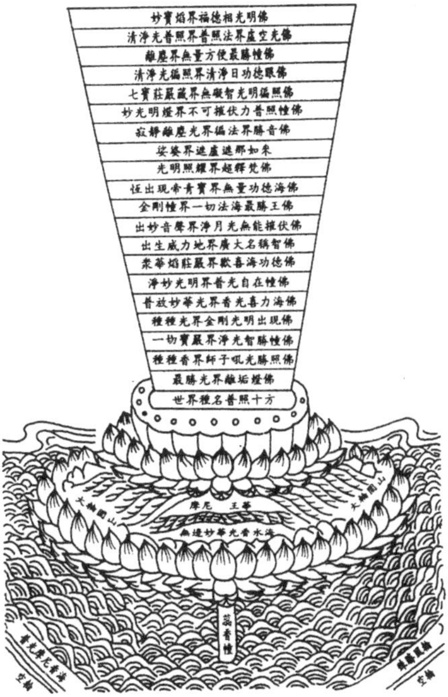

• 二十重華藏世界圖（圖二）

種，一世界種中必包含二十重世界（見圖二）。所以，這十個香水海又各領有不可說微塵數的香水海（見圖三），就形成十個不可說佛刹微塵數的香水海。有這麼多的香水海，就有如此多的世界種，而每一世界種又各有二十重世界，如果寫成程式表示世界的數量，就成：

十個香水海x二十重世界x不可說微塵數香水海x二十重世界=世界的數量

而這樣的景像都圍繞在中間的香水海四周，這個香水海叫做「無邊妙華香水海」，中間的香水海本身也有二十重世界圍繞（見圖四）。而這重重世界、重重佛土交互爲緣、交互映攝含藏清淨妙嚴，無量光明。

華藏世界的大地莊嚴清淨，又有不可說佛刹微塵數的香水海，這每一香水海當中，又各有四天下微塵數的香水河，右旋圍遶著香水海；大地、香水海、香水河，都是世界海微塵數的清淨功德所莊嚴，同時，顯現所有化佛、神通自在、一切變化周遍、所修願行等等境界，表達出：「一入一切、一切入一、體相如實無差別」的不可思議境像。

華藏世界的形狀如此，華藏世界的所有莊嚴境界，能映現諸佛境界，衆生三世

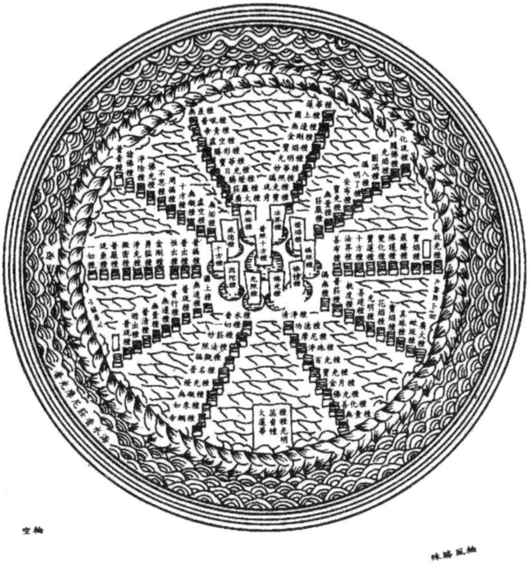

• 周圍各十百世界種形狀安立圖（圖三）

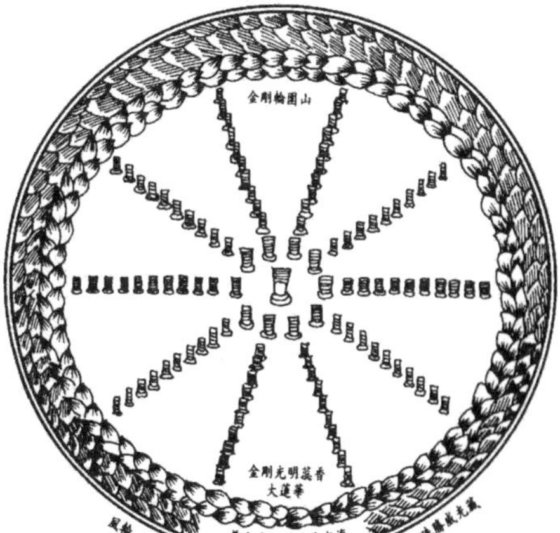

• 華嚴世界海安立圖（圖四）

所行行業因果也總現其中；就如同百千明鏡俱懸四面，前後影像互相徹照。因爲一切法爲空、如幻的緣故，所以能隱現自在，而有「一念現三世，十方世界於一剎中現」等等無礙境界，也就是在一念中能顯現過去、現在、未來三世，而且東西南北等十方的空間也能同時顯現。

爲什麼會有這種不可思議的境界呢？經中說：「諸佛國土如虛空，無等無生無有相，爲利眾生普嚴淨，本願力故住其中」，這種不可思議的無礙大作用，是因應於諸佛本願力的因緣而顯現。所以，如果以如來大願智力的因緣，則眾相隨之顯現；如果是隨順法性自體空性，則眾相皆無。這也就是「隨緣不變、不變隨緣」的展現。

這些境界或隱或現，隨緣自在，但是都不離法界實相，這就是華嚴世界的不可思議的境界。而華嚴世界所顯現的世界相，也正是宇宙的實相，每一個世界交互映攝、大小互容，諸佛每一毛孔中含藏整個法界，每一世界中的諸佛又含藏全部法界，每一世界又反回容攝諸佛之毛孔，不斷不斷地交互容攝，顯現無盡緣起的不可思議境界。

盧舍那佛蓮座花瓣上的蓮華藏世界（奈良東大寺）

我們所處的娑婆世界，也包含在蓮華藏世界之中。經中說，蓮華藏世界第二十重世界的第十三重，就是娑婆世界。毘盧遮那佛的淨土，和我們一般所認知，穢土、淨土截然二分的情況並不相同，而是含容了所有雜染及清淨的世界。

佛教認爲，整個法界就像《華嚴經》所說的世界一樣，是大小相互涵容的世界，無限交互圓融的世界。

一粒砂中是一個宇宙，整個宇宙也是宇宙，這是第一層結構。如果再就更深一層來講，這一粒砂中的宇宙可以涵容整個宇宙，涵容整個外在的大宇宙。再深一層，這一粒砂中所涵藏的整個宇宙中，又反涵藏著這一粒砂，如此繼續無限制地下去，就成爲一個無限交互圓融的世界，這就是華嚴世界顯現的意義。

佛經中說，一般人只能看見有限的世界，是因爲我們對宇宙的看法是分割的，一是一、二是二，認爲A空間和B空間互不相容的，因此而有此方、彼方的概念。當我們捨棄一層層僵化的概念之後，就能跟無限交互圓融的宇宙相應。

第三章 這個世界有那些生命？

在我們這個世界裡，有些什麼樣的生命呢？在佛法中有許多種不同的分類。像之前我們所提到的欲界、色界、無色界，也是依生命的特性來區分的三個界域。

欲界的生命因爲有食欲、淫欲兩大欲望，因此叫做「欲界」。欲界的生命有天道、人道、畜生道、地獄道、餓鬼道、阿修羅道。

欲界中的天道又分六欲天，即四天王（持國天、增長天、廣目天、多聞天）、忉利天（又稱三十三天）、夜摩天、兜率天、化樂天、他化自在天。

以地點範疇來說，欲界上自六欲天，中自人界之四大洲，下至無間地獄。其中四天王天在須彌山之半腹，忉利天在須彌山之頂上，所以此二者合稱為「地居天」。兜率天以上的天界住在空中，所以稱為「空居天」。（請參照第二章「欲界生命分佈圖」）

色界在欲界之上。「色」是物質的意思，色界是由其間衆生禪定力的淺深粗妙來分為四級，稱為四禪天。色界的衆生還有物質形像，有身形也有居住的宮殿。

色界再上去是無色界，無色界的衆生沒有物質形像，只是心意識的存有。這裏的衆生沒有身體形像，也沒有居住的宮殿，只是心意識的或相續或靜止，也可以說是在禪定中。其中有四個界域：空無邊處、識無邊處、無所有處、非想非非想處。

• 無色界：無有形體，單純心意識的存在

• 色界：以禪定力所成的世界

• 欲界：有食欲及淫欲兩大欲望

三界的生命特質

這個世界的生命型態——十法界

在佛法中，常用「法界」來形容宇宙中的萬象。「法」有法則的意義，指一切的宇宙現象都是依因緣的法則所生。另一層意義是，依止它來修行，能使生命增上、昇華。

法界的「法」，原來有軌持之意。「界」，有種族、分齊之意，也就是分門別類的不同事物，各守其不同的界限。

「界」是分界的意思，一切諸法現象的分界叫做法界。法，本身各有自體，分界也各有不同，所以稱爲法界。一切宇宙中的存有稱爲「法界」，也點出了法界萬事萬物的特性——宇宙中的一切萬象，雖然看起來無窮無盡，但是都是依照因緣的軌則而形成，而且都能保持各自的特性，彼此之間互不相繫，條理分明。

宇宙萬象是怎麼來的呢？佛法中認爲，法界是由衆生的心所造。像我們在寺院課誦中常聽到的：「若人欲了知，三世一切佛，應觀法界性，一切唯心造。」這是出自《大方廣佛華嚴經》卷九，講的就是這個道理。

佛教將這個世界的生命，約略區分為十種型態，稱為「十法界」。其中有四類是聖者之流，六類為輪迴的凡夫，也就是所謂的「四聖六凡」，共為十法界。四聖中有：佛法界、菩薩法界、緣覺法界、聲聞法界。六凡是天法界、修羅法界、餓鬼法界、畜牲法界、地獄法界。

十法界圖

解脫的生命—佛、菩薩及解脫的聖者

在以上的十法界中，佛、菩薩、聲聞、緣覺是屬於四聖法界的生命。

⊙佛與菩薩

佛法界，是指一切自覺覺他、覺行圓滿的十方諸佛，他們圓滿了無上的正覺，並具足一切慈悲智慧，圓滿度化眾生的六度萬行，佛法界含攝了十方一切諸佛。在人間成道的釋迦牟尼佛，常見的阿彌陀佛、藥師佛，都是屬於佛法界。

菩薩法界，「菩薩」是覺有情，學習慈悲智慧的圓滿，成就一切自利利他二行。十方一切的菩薩都是屬於菩薩法界。菩薩中有初發心的菩薩，也有已經悟道，解脫輪迴的菩薩。如果只是發心學習菩薩行，但是還未悟道，如此還是屬於眾生之流，還不是眞實的菩薩，只能說是「假名菩薩」。一般所指的菩薩法界，至少是指初地果位以上的菩薩。像常見的觀音菩薩、文殊菩薩、地藏菩薩等，都是屬於菩薩法界。

⊙聲聞與緣覺

聲聞法界，「聲聞」是指聽聞佛陀言語聲教而證悟的出家弟子。他們觀察苦、集、滅、道四諦的法理，修習三十七道品，斷除見、修二種迷惑，次第證得四種法門的果位而證入無餘涅槃。聲聞聖者的修行果位可以分為四個階位，稱為「四果」，分別為以下四果：

1.須陀洹果，意譯為「預流果」，即初果，指斷盡欲界、色界、無色界等三界的見惑，預入聖道之法流，證入無漏聖道的階位之聖者。預流果聖者的生死，最長僅於人界與天界中各往返七次，最後必定證得阿羅漢果。

2.斯陀含果，意譯為「一來果」，即第二果，指已斷除欲界九品修惑中之前六品，並證入果位者，需一度生於天界再來人間入於涅槃，所以稱為「一來」。

3.阿那含果，意譯為「不還果」，即第三果，指已斷盡欲界九品修惑中之後三品，而不再返至欲界受生，所以稱為「不還」。

4.阿羅漢果，意譯作「應供」、「無學」，阿羅漢果，即第四果，又作極果、無學果。指已斷盡色界、無色界之一切見惑、修惑，而永久涅槃，不再有生死流轉。證入阿羅漢果之聖者，超出三界，四智已經圓融無礙，已無法可學，所以又稱爲「無學」。以上是四果聲聞聖者的境界階次。

緣覺法界，緣覺也就是一般所說的「辟支佛」，又稱爲「獨覺」，指獨自悟道的修行者。也就是在今生中，不必經由佛陀教導，能無師獨悟，生性好樂寂靜而不事說法教化的聖者。緣覺聖者是利根的修行人，由自身觀察大自然的花開花落，自然體悟到因緣法，覺悟一切眞空之理，能解脫三界輪迴。佛法中所說的三乘，就是指「菩薩」、「聲聞」與「緣覺」三乘。

以上所說的四聖法界，都是指超脫三界輪迴的聖者。當然，這四聖法界也不是截然分別的，像聲聞及緣覺的二乘聖者，都是不會再到這個世間輪迴的聖者，但是他們可以迴小向大，轉向修習菩薩行，發願重新在世界中出生，救度衆生。

一般來講，在淨土中的菩薩，因爲有些是超脫三界的淨土，所以他就不落世間。而大心的菩薩常行世間，不住世間。諸佛則示現在世間，且是以一大事因緣，開示悟入衆生的知見，所以他當然不是在世間。像地藏王菩薩雖常處地獄，但他並非在地獄受苦，而是其身心安立之處即是淨土。

地藏菩薩和地獄有什麼關聯？

地藏菩薩和其他菩薩一樣，在所有需要救度的地方行菩薩行，因此，不只地獄道有他的蹤跡，其他六道也有地藏菩薩的化現。

為什麼地藏菩薩會和地獄衆生特別有緣呢？因為他特別發願要守護惡性衆生，幫助他們成佛，所以他的本願中以：「地獄不空，誓不成佛」而廣為人知，佛陀也咐囑他在無佛的世界，作為衆生的依怙。

有人誤以為，地藏菩薩常處地獄，如果供奉地藏菩薩，會招致不祥。這是錯誤的觀念。相反的，地藏菩薩能守護我們家宅平安，遠離人、非人的干擾，也是幫助衆生出生無盡福德的財寶本尊。

輪迴的六道

除了解脫的聖者之外，還有許多生命是輪迴的生命，在十法界中屬「六凡」，又稱爲「六道輪迴」。

⊙天道

天（梵語deva），音譯爲提婆。天道（deva-gati）意譯爲天界、天道等。天法界，是指天上的天神，也是指六道之中的天道。梵語deva有「天上者」或「尊貴者」的意思。

天界衆生所居住的處所，可分爲欲界、色界、無色界，而欲界有六天，色界有四禪等十八天，無色界有四天，共是三界二十八天。

欲界六天又稱爲六欲天，此界的衆生因爲有淫欲、食欲二大欲，因此稱爲欲界天。此六欲天即四天王天（持國天、增長天、廣目天、多聞天）、忉利天（又稱三十三天）、夜摩天、兜率天、化樂天、他化自在天。以地點來說，欲界上自六欲天，中自人界之四大洲，下至無間地獄。在佛教的宇宙觀中，我們這個世界是無量世界中的一者，以須彌山爲中心。其中四天王天在須彌山之半腹，忉利天在須彌山之頂上，所以此二者稱爲地居天。兜率天以上住在空中，所以稱爲空居天。

色界諸天在欲界之上。此界由禪定之淺深粗妙來分爲四級，稱爲四禪天。此界有身形有宮殿。四禪天分別爲：

1.初禪天：下分梵天、梵衆天、梵輔天、大梵天。

2.二禪天：下分少光天、無量光天、光音天。

3.三禪天：下分少淨天、無量淨天、淨天。

4.四禪天：下分無雲天、福生天、廣果天、無想天、無煩天、無熱天、善見天、善現天、色究竟天。

無色界，此界無身形無宮殿，只是心意識的或相續或靜止，亦可說是在禪定中。其中有四：空無邊處、識無邊處、無所有處、非想非非想處。

什麼樣的生命會投生於天上呢？投生天道大致上可分兩種原因，一種是行持善業，一種是因禪定力深厚而生於天上。像六欲天的天人禪定力和上層的天人比較起來，是比較弱的，往生於六欲天的衆生，並不需要高深的禪定力，只要修持十善業就能投生於天界。因此，六欲天的天人大多因爲福德而投生彼處。而另一種是以善修四禪八定而往生天界的，這是屬於色界天、無色界天，能得到天的福報、天的勝樂身。天神的世界，在後面的章節還會有更詳細的介紹。

⊙人道

人道（manuṣya-gati）是指人間，是六道輪迴的主體，又稱人間界、人界、人趣、人道，或單稱人。如《長阿含》卷六〈轉輪聖王修行經〉中說：「一時，佛在摩羅醯搜人間遊行。」卷二十〈忉利天品〉云：「我昔於人間，身行善，口言善，意念善。」《中阿含》卷三十六〈聞德經〉中說：「天上人間七往來已，則得苦邊。」

人道的衆生具有什麼特色呢？《立世阿毗曇論》卷六中說人道的梵文具有八種含意：「聰明、殊勝、心意微細、正覺、智慧增上、能分別虛實、能成爲聖道正器、聰慧業所生。」此外，其他的經論中也說，由於人類具有思考的特色、憍慢的特質，而稱之為人。

人類居住在那裏呢？經中說人類的住處在「須彌四洲」，此指須彌南部的閻浮洲（或贍部）、西部的瞿陀尼洲（即牛貨）、東部的弗婆提州（即勝身）、北部的跡單越洲（或俱盧）。《長阿含》卷十八〈閻浮提洲品〉、《起世經》卷一、《大毗婆沙論》卷一七二、《俱舍論》卷一等，都認為四洲之人的面貌類似各洲地形，即閻浮洲人呈上廣下狹形，瞿陀尼洲人呈半月形，弗婆提洲人呈圓形，跡單越洲人呈方形。又，《婆沙論》等，另說附屬八中洲住有短小之人。

四洲之人的壽量各各有別，依《俱舍論》卷十一等所說，跡單越人定壽千歲，瞿陀尼人壽五百歲，弗婆提人壽二五〇歲，閻浮提人壽無定，劫滅最後極壽十歲，劫初時人壽無量歲。

在《起世因本經》中說，人類的祖先是從光音天來的，當宇宙產生大爆炸之後，這時世界開始形成。大爆炸之後的地球溫度慢慢冷卻，漸漸凝融成固體。大爆炸的能量很高，形成巨大的亮光，整個星球呈現有點像乳酪似的液態，看起來非常美麗。當時居住在光音天的天人，其中有些天福已快享盡了，定力變得較淺，容易受到外界誘惑，他們看到剛形成的地球，充滿了好奇，就從光音天來到地球上遊玩。看到地球上清徹的水，忍不住喝了一口又一口。玩得累了，想回到光音天時，卻發現喝了水的身體，質素變粗重了，無法飛行，只好留在地球上，住了下來，成爲地球上最早的人類。

一般人的觀念中，大多認爲在六道中以天道最爲殊勝，所以死後要上天堂，求生天道。然而，佛陀卻告訴我們：在六道中人間是最殊勝的，因爲人間的環境最適合修行，最有機會開悟解脫。

會生而爲人，是因爲依循不殺生、不偷盜、不邪淫、不妄語、不飲酒等五戒，也就是依於「人法」而要，而投生爲人中。

人間雖然不如天上享受，而是苦樂相雜，常有不如意事，但至少能自作樂，仍是屬於善界。在一般人的觀念中，大多欣求投生天上，認爲天上勝過人間。然而，佛教卻認爲人間是最殊勝的，因爲人間最適於修行，是最有機會昇華圓滿的。就佛法來看，天人的福報大，生活享受太好，不容易生起修行的心念。而修羅由於充滿瞋心，習慣於諍鬥，也無心於修行。而地獄、畜生、餓鬼等三惡道，不是迫於基本

【天人】忙著享受

【修羅】忙著生氣

【人道】苦樂條件適中，正好修行

【畜生】忙著覓食、繁衍

【地獄】忙著受苦

人間苦樂條件適中，正好修行

的生存，就是長期受苦，也無心修行。因此，在六道中唯有人能修持，所以人是六道衆生中的中流砥柱，是造業的主體。

因此，要上升天界或下墮三惡道，大都是由於在人間造作善業惡業，其他各界則是受報的主體。人的最大好處是能成佛，所以天人常希望能往生人間，就是因爲天人受樂正熾盛，而不會去修持，反而不能增上，因此，經中說；「諸佛世尊皆出人間，終不在天上成佛也。」就是這樣的道理。

⊙阿修羅的世界

阿修羅（梵名asrua），意譯爲「非天」、「不端正」等，是一種瞋心強烈的生命。他們雖然擁有和天神一樣的福報，同等級的生活享受，卻不像天人那樣和善，相反的，他它們經常認爲天神擁有的比它們多，而發動征戰，因此，天神和阿修羅經常打仗。

爲什麼阿修羅會被稱爲「非天」、「不端正」這種奇怪的名稱呢？「非天」是說他的果報和天人一樣殊勝，住所鄰次於諸天，卻沒有天人的德行，所以和天人不同。「不端正」是指阿修羅的長像如同怪物一樣，非常可怖。阿修羅原來是印度最古老的惡神之一，與帝釋天率領的天族是死對頭。

什麼樣的生命會投生到修羅道呢？經中說，瞋心、驕慢心、疑心等三種特性超強的眾生，就容易投生於修羅道。當然，如果將所行一切善事功德，發願投生修羅道的人，也容易投生爲阿修羅道。

阿修羅依出生的方式不同，又可分成四類。

在《楞嚴經》中記載，阿修羅有四種出生的方式，分別有不同的特性：

1.卵生阿修羅：這是鬼道的眾生依靠小神通而入空中，入於阿修羅的卵而出生，特性和鬼道比較相近。

2.胎生阿修羅：這是天上的天人因降德遭貶墜，投胎成爲阿修羅。他們所居住的地方，鄰於日月。這種阿修羅從胎出生，特性和人類比較相近。

3.濕生阿修羅：這是阿修羅道中較低下者，他們白天在虛空遊蕩，晚上回到大海的水穴口棲息，這類阿修羅因濕氣而出生，特性和畜生道的眾生較相近。

4.化生阿修羅：這是一類有大勢力的阿修羅，他們能執持世界，與梵王、帝釋天、四天王相抗衡，此種阿修羅因變化而有，特性和天道衆生較相近。

關於阿修羅的住處，經典中有許多相關的記載。像《起世經》卷五〈阿修羅品〉中，敍述有四大阿修羅王住在須彌山四面海中，距離須彌山千由旬的大海深處。在須彌山之東，距山千由旬的大海下，有碑摩質多羅阿修羅王的住處，縱廣八萬由旬，有七重城壁，阿修羅王住在摩婆帝宮，縱廣一萬由旬，城中央有集會的地方，稱爲「七頭」。

「七頭」的周圍有四座園林，阿修羅王與一些小阿修羅輩於此園林遊戲。在須彌山的南、北、西面，距離千由旬的大海水下，分別有踴躍阿修羅王、羅睺羅阿修羅王、奢婆羅阿修羅王所居住。這三位阿修羅王的住處比碑摩質多羅阿修羅王稍小些，他們的住處各縱廣八萬由旬。

在《長阿含經》卷二十〈世紀經阿須倫品〉則說：須彌山北大海水底，有羅呵阿須倫城（阿修羅城），縱廣八萬由旬，其城七重，以七寶所構成。但阿修羅城並非水世界，因爲大海水被風懸處於虛空之中，猶如浮雲，距阿修羅的宮殿還有一萬由旬那麼遠，不會墮落下來。

阿修羅與天人向來是世仇，經常互相爭鬥，尤其是阿修羅王和帝釋天經常戰爭，常要勞動佛陀出面調停。有一次，帝釋天向毗摩質多阿修羅王提親，想迎娶他的女兒。據說阿修羅王的女兒非常美麗，只要看到她的人就魂不守舍，看東邊就忘了西邊，看南邊就忘了北邊，甚至連毛孔都能生起無窮的快樂。

由於阿修羅和天神之間經常打仗，現在兩族能結成親家，也是喜事一樁。帝釋天娶了她，封她爲「悅意」夫人。兩人過了一段甜美的蜜月期，但是不久之後，帝釋天又開始去找其他的樂子。有一天，帝釋和許多宮女一起在花園的水池中嬉戲，被悅意撞個正著，立即派遣五大夜叉向父親阿修羅王報告。

阿修羅王一聽自己的女兒受到這種委屈，立即率領修羅大軍前往攻打帝釋天。他站在大海水中，踞於須彌山頂，用他的九百九十九隻手，同時撼動帝釋天所居住的喜見城，並搖撼須彌山，使四大海的海水發生了巨浪。帝釋天被這突如其來的大地震嚇得驚惶不已，不知所措，幸好有天神提醒他持誦般若波羅蜜多神咒，而使修羅大軍敗退。無處可逃的修羅衆只好以神通力化成極小，逃到於藕絲孔裏躲藏。

阿修羅的寶物

阿修羅的福報很大，不但住處非常華麗，還擁有許多寶物。其中一個就是「阿修羅琴」。這個琴是阿修羅衆所特別擁有的，因此特別稱為「阿修羅琴」。當阿修羅想聽任何一種音樂、歌曲，「阿修羅琴」會了知其心意，自然彈出悅耳的樂聲。

另一個寶物，是一座預知未來的寶池。這是陀摩阿修羅王所擁有的寶池，他住在地底下二萬一千由旬深的地方。在其首都星鬘城裏，有一個大水池，叫做「一切見池」。池中的水非常清淨、美味，不但沒有任何污泥混濁，連輕微的雜垢污染也沒有，清徹湛然，即使飲用也無有損減。

最神奇的是這個寶池能預見未來。

每當陀摩阿修羅王要和天神鬥戰時，出征之前它都會帶領修羅大軍，莊嚴器仗，圍遶池邊，觀察自身的影像。這時寶池就會顯現出未來的影像，宛如照鏡子一般明徹：如果他看見池中的自己，倉皇敗退而走，就知道這次天神必定會打勝仗，如果，看見池中自身倒臥，就知道這是戰敗的徵兆。

⊙鬼道

餓鬼（梵preta），音爲「閉多」，一般人所說的鬼，大多是此道衆生。傳說鬼界由人間第一個死亡的人「閻魔」所統領，稱為「閻魔王」。在《立世阿毗曇論》卷六中說：「云何鬼道名閉多？閻摩羅王名閉多故，其生與王同類，故名閉多。復說此道與餘道往還，善惡相通，故名閉多。」其中說「閉多」是人間第一個死亡的人，是開啓了劫初幽冥之路的閻魔王。因此，閻魔王界就成為鬼類的主要住所。

在《正法念處經》卷十六說，鬼有住在地底的，也有住在人間的：「餓鬼略有二種。（中略）一者人中住，二者住於餓鬼世界。」像有人半夜行走，遇見鬼類，就是住在人間的鬼。住在地底的鬼，則居住於這個閻浮提世界地底下五百由旬之處。

經論中提到各種不同的鬼，像《大智度論》卷三十中說鬼可分為「弊鬼」、「餓鬼」，《大毗婆沙論》卷一七二則說有「有威德」、「無威德」二種鬼。在《順正理論》卷三十一中，則將鬼類分為「無財」、「少財」、「多財」等三種鬼，這是依鬼的福報深淺來區分的。原則上有較有福報的鬼生活較好，少福的鬼，不是吃糞便等穢惡之物，就是有東西也沒法吃。像有的餓鬼嘴吧像針那麼細，或是食物一靠近嘴邊，就發出猛烈的炭火，永遠也吃不著。

會投生於鬼趣的人，大部份是生前多行慳貪、嫉妒者。

鬼界的生活如何呢？在《雜阿毗曇心論》卷八中說：「餓鬼化生，亦有胎生。」也就是說鬼有化生及胎生兩種方式。關於鬼的身形，《法苑珠林》卷六中說，鬼極大者身長可至一由旬，最小則如小兒一般，或僅長三寸。關於鬼的形像，不一而足，最常見的就是咽喉細如針，腹部鼓脹，全身瘦得只剩皮包骨。

而鬼的壽命多長呢？《觀佛三昧經》中說，極長壽者有八萬四千歲，短者則不一定。《成實論》中則說極長壽者七萬歲，短者不定。《優婆塞戒經》卷七則說人間五十年（也有說五百年），相當於餓鬼道中一日一夜，其中極長壽者有一萬五千歲，相當於人間之二億七千萬餘歲。

⊙畜生道

畜生（梵tiryagyoni）道，指有畜生業因者死後所趣之處，畜生是因愚痴而受此果報，它們修持昇華的機會很少，這是一個弱肉強食、互相吞食的世界，不斷地輪迴受報。畜生道又稱作傍生、橫生、畜牲道、傍生趣。乃指鳥、獸、蟲、魚等一切動物。稱之爲畜生，主要是指由人類畜養之意，主要指家畜家禽。而稱其爲傍生，乃是因爲其形體不如人之直立。

畜生道與地獄道、餓鬼道合稱爲三惡道，因爲這三道的衆生受到極大的苦惱。在《廣釋菩提心論》卷一中說：「地獄、餓鬼、畜生諸趣，由起種種煩惱惡業爲其因故，彼彼趣中受諸苦惱。」畜生道的衆生，多是弱肉強食，受種種苦，而且常被天人、人類做爲食物，或是驅使拖磨等工作，不得自由。

什麼樣的衆生會往生畜生道呢？《佛爲首迦長者說業報差別經》列出身、口、意行中惡業，由貪、瞋、癡三煩惱生起各種惡業，毀罵衆生，惱害衆生，佈施不淨物，行於邪淫等十種行業，是投生畜生道之因。在《大毗婆沙論》中也說：「有說彼諸有情由造作、增長增上愚癡身、語、意惡行，往彼生彼，令彼生相續，故名傍生趣。」

畜生道的世界，可說是相互呑食的世界，此界的衆生常受繫縛殺害、驅馳鞭打、互相呑食、心恒不安等種種苦惱，不得自在。

畜生道衆生的種類極多，如果以出生的方式來分，可分爲胎、卵、濕、化四生，如果依住處來分，可分爲空行、陸行、水行三種。如果依出沒的時間，則可分晝行、夜行及晝夜行三類。而其壽命的長度差異極大，有一日一夜者，也有如龍王等壽命長達一中劫。

◉地獄道

地獄（梵naraka、niraya）是指衆生受到自己所造惡業的業力驅使，而趣入的地下牢獄。地獄道爲三惡道之一，可以說是六道輪迴中最爲苦迫的世界。

地獄道又分爲各種不同的地獄，在《俱舍論》卷十一、《瑜伽師地論》卷四說有八熱地獄、八寒地獄、孤地獄三種。八熱地獄又稱爲八大地獄，分爲等活、黑繩、衆合、叫喚、大叫喚、焦熱、大焦熱、無間（阿鼻）等八個區域。這些地獄的名字都是從其苦惱相所定名。而每個地獄又各有眷屬地獄，也就是各有十六個小地獄，與上述的八大地獄加起來，共計有一三六個主要的地獄。

會投生於地獄界的衆生，大多是造下了極重的罪業所致，像極重的殺生、偷盜、邪淫、妄語等罪業。而罪業的輕重，除了心念之外，所傷害的對象、影響的範圍，也都是因素之一。例如，在殺人的罪業中，殺害母親、聖者的罪又比一般人重，偷取整個社會的成本的偷盜罪，又比偷盜個人財產的罪業重。所投生的地獄也不同。在下一章對地獄的世界會有更詳細的介紹。

以上六道是這個世界主要的六種生命型態。

除了六道、十法界之外，佛法有時也將三界生命存有的型態，更細分為二十五種方式，稱做「二十五有」：(1)地獄有，(2)畜生有，(3)餓鬼有，(4)阿修羅有，(5)弗婆提有，(6)瞿耶尼有，(7)鬱單越有，(8)閻浮提有，(9)四天處有，(10)三十三天處有，(11)炎摩天有，(12)兜率天有，(13)化樂天有，(14)他化自在天有，(15)初禪有，(16)大梵天有，(17)二禪有，(18)三禪有，(19)四禪有，(20)無想有，(21)淨居阿那含有，(22)空處有，(23)識處有，(24)不用處有，(25)非想非非想處。

《大般涅槃經》卷十四中說：「菩薩摩訶薩住無畏地，得二十五三昧，壞二十五有。」這是以六趣中的地獄乃至阿修羅四趣各為一有，將人趣之四洲開列為四有，天趣中的六欲天、四禪及四無色各為一有。另外，初禪開大梵為一有，四禪開無想、淨居二天各為一有，亦即將欲界分類成十種，色界分類為七種，無色界分類

三界的二十五種生命存有

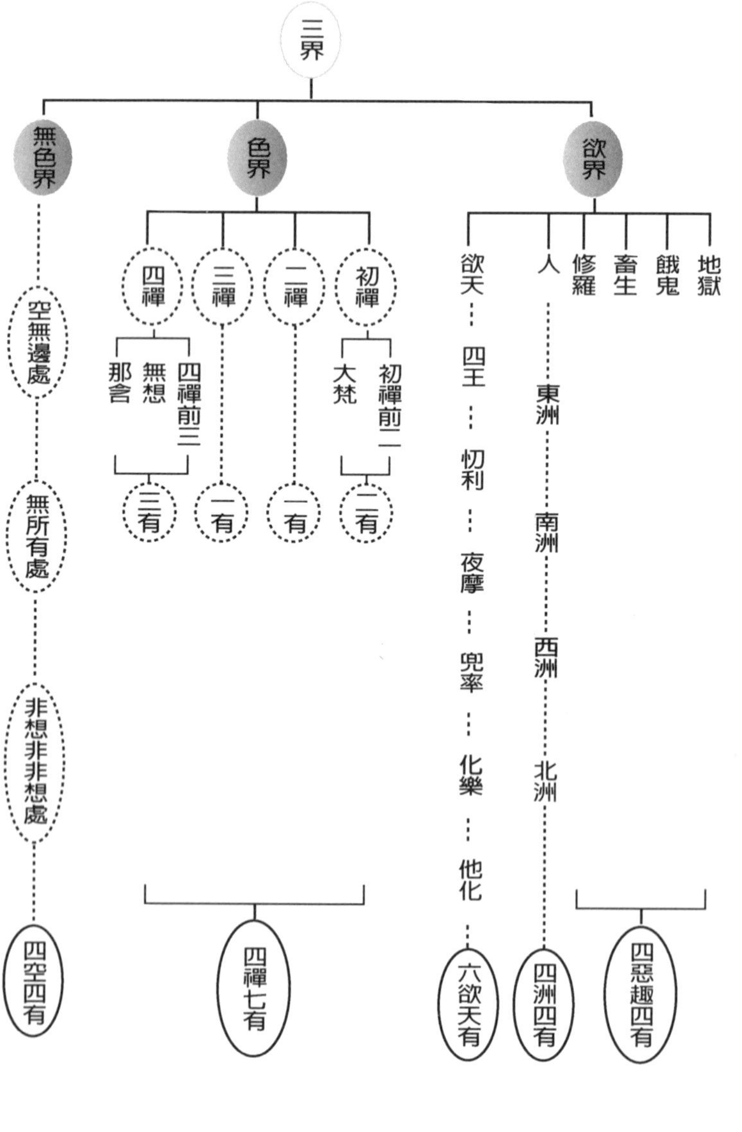

成四種存有。

如果依出生的型態來區分的話，則可分為「卵、胎、濕、化」四種類型，稱之為「四生」。

《俱舍論》卷八中記載，四生是指：

1卵生：由卵殼出生者，稱為卵生。例如：雞鵝、孔雀、雞、蛇、魚、蟻等。

2胎生：又稱腹生，是指從母胎而出生的，稱為胎生。如人、象、馬、牛、豬、羊、驢等，都是胎生。

3濕生：又稱「因緣生」、「寒熱和合生」。也就是由糞聚、注道、穢廁、腐肉、叢草等潤濕地的濕氣所產生者，稱為「濕生」。如飛蛾、蚊子就是此類。

以上，這三類的出生法，是古代對生命依出生的方式做約略的分類，在現代生物學中，可做更精密的分類。

4化生：無所託而忽有，稱為化生。例如諸天天人、地獄眾生、中陰的眾生，都是由過去的業力而化生。極樂世界的眾生則是從蓮花中化生。

除了四生之外，還有所謂的「九類生」，是指欲界、色界、無色界等三界眾生出生的九種形態，這九類生就是除了以上的四類生之外，再加上：5有色（色界），6無色（無色界），7有想天（無色界中除無想天以外的其他諸天），8無想天（無色界中的無想天），9非有想非無想天（非想非非想處）等生命出生型態。

在《金剛經》中說：「所有一切眾生之類，若卵生、若胎生、若濕生、若化生、若有色、若無色、若有想、若無想、若非有想非無想，我皆令入無餘涅槃而滅度之。」其中就是以九類生來代表一切生命界。

宇宙中充滿了各式各樣的無盡生命，這無盡的生命，在宇宙中交互的影響、共生，開創出無邊幻化的法界眾相。六道、十法界只是一種約略上的分類。在佛法的觀點中，無論是哪一種生命發生的型態，都是平等而無分別的，皆能悟道入於解脫涅槃，乃至圓滿成佛。

佛陀平等的觀察宇宙中的一切生命，並以大慈大悲的心意與無上的智慧，來幫助一切眾生昇華解脫。依佛法的觀點看來，六道、十法界中所有的生命都是平等無二的，在本質上並沒有高低的差別。不過，由於因緣果報的關係，所以在現前的生命型態，卻有種種的不同。這些不同的生命樣態，顯示了各類生命苦樂悲喜的差別果報。

六道中的差別果報，都是由因緣業力所成，並非本質上的差別，所以當這些業報緣盡之後，就會依另行現起的果報而轉換成其他的生命型態。因此這些生命型態，並非固定不變，而是在業力的傳動下，具有因緣的流動性，這就是生命輪迴力量的根源。

所以，宇宙中的一切生命型態，雖有種種苦樂差別果報，但這絕非生命本質的不平等，而是因緣業果的差別。當因緣業果轉變了，生命也就可能流轉成另一種生命型態，這就是生命輪迴的現象。除非生命解脫覺悟了，否則生命的輪迴現象，就不會終止。

因此，佛法對生命型態的分類，是在說明因緣業力的事實，與生命存有的實相，事實上這種種的生命型態，本質皆是平等無別的。

以上所說十法界，前四界乃聖者之悟界，後六界爲凡夫之迷界，也就是六道輪迴之世界，加起來共是六凡四聖。而這十個法界彼此之間是否是截然劃分的呢？也不盡然，像天台宗智者大師提出「一念三千」、「十界互具」的觀點，就是說這十法界都是在於我們一念之中。

其實，我們所生起之任何一個心念，無不屬於十界中之某一界。例如殺生等瞋恚心起，是地獄界。貪欲心起，是餓鬼界。愚癡心起，即畜生界。認爲比他人優越的我慢念生起，爲阿修羅界。人倫道德心起，是人界。如果與欲、色、無色的禪定相應，即是天界。如果與苦、集、滅、道等四聖諦相應，即是聲聞界。如果和十二因緣相應，則是緣覺界。如果和淨佛國土、成就衆生的願行相應，即是菩薩界。如果與眞如法界相應，則是佛界。如此，十界是本具的，覺悟了就成爲四聖法界，迷惑輪迴則成爲六凡法界。

不只是人間如此，從地獄至佛等十法界的衆生皆是如此。因此，地獄衆生如果顯現本具佛性，即可自地獄解脫而成證妙覺圓滿的佛陀；果地究竟的佛身，也可倒駕慈航，在其餘九道中化現無窮的度化衆生的聖業。

六道輪迴圖

第四章 天堂——天神的世界

在世界的各個界域之中，神秘的天堂與地獄，令人想一窺究竟。到底天堂的生活如何？爲什麼許多人都希望投生於天堂？地獄的景況又如何？什麼樣的人會下地獄？天神的世界如何呢？和人間有什麼不同？

天堂是指天神所居住的地方，也就是天神的世界。佛教將天神稱之爲「天」（梵語deva），音譯爲「提婆」，意譯爲天界、天道等，又有「天上者」、「尊貴者」的意思。在六道中的天道。

天神所居住的地方，也就是我們常說的「天堂」，指天上諸神所居住的殿堂，又稱為「天宮」。一般常將「天堂」作為「地獄」相對的名詞，比喻向上昇華及向下沉淪。例如在《法華玄義》中說：「心能地獄，心能天堂，心能凡夫，心能賢聖。」

天界眾生所居住的處所，可分為欲界、色界、無色界，而欲界有六天，色界有四靜慮處等十八天，無色界有四處，共是三界二十八天。

三界二十八天

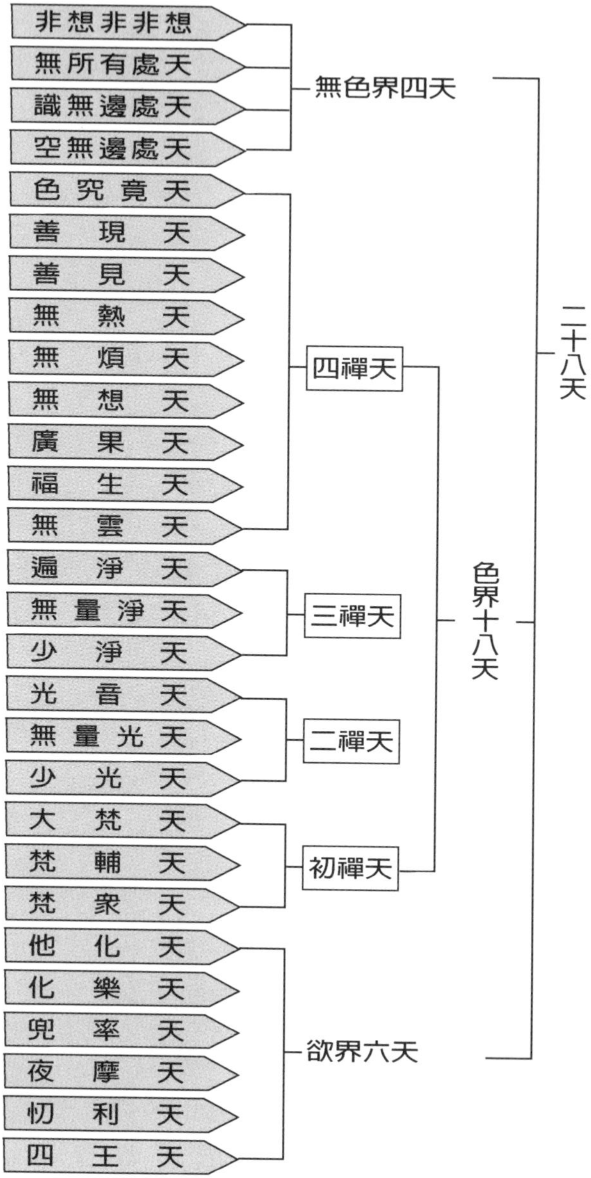
非想非非想
無所有處天
識無邊處天
空無邊處天
無色界四天
色究竟天
善現天
善見天
無熱天
無煩天
無想天
廣果天
福生天
無雲天
四禪天
遍淨天
無量淨天
少淨天
三禪天
光音天
無量光天
少光天
二禪天
大梵天
梵輔天
梵衆天
初禪天
色界十八天
他化天
化樂天
兜率天
夜摩天
忉利天
四王天
欲界六天
二十八天

最接近我們這個世界的欲界天

欲界六天又稱爲六欲天，此界的衆生因爲有淫欲、食欲二大欲望，因此稱爲欲界天。

六欲天指四天王天、忉利天、夜摩天、兜率天、化樂天、他化自在天。如果從地點區域的劃分來說，欲界上自六欲天，中自人界之四大洲，下至無間地獄。

在佛教的宇宙觀中，我們這個世界是無量世界中的一者，以須彌山爲中心。其中四天王天在須彌山之半腹，忉利天在須彌山之頂上，所以此二者稱爲「地居天」。兜率天以上住在空中，所以稱爲「空居天」。

1.四天王天（梵文Cāturmahārājakāyika-deva）：

分別爲：居住於須彌山腰的持國天（東）、增長天（南）、廣目天（西）、多聞天（北）等四天王，及其所率領的天衆。在欲界天之中，四天王天的面積最廣。這裏距離大海有四萬由旬，距離位於須彌山山頂的忉利天，也有四萬由旬。

由旬是印度計算里程之單位，根據《大唐西域記》中的說法，佛經中一由旬約可換算爲十六里。

四天王天的一晝夜，相當於人間五十年，這裏的天神壽命皆爲五百歲，相當於人間九百多萬歲。他們的身形高大，身高四分之一俱盧舍，衣長一由旬。以身形交媾成淫事，與人間相同，但是沒有人間各種不淨。

2.忉利天（Traysatriat-deva）：

四天王天再上去是忉利天，「忉利」是音譯，意思是「三十三」，因此此天又稱爲「三十三天」。這是指住在須彌山頂上的三十三天，這三十三天是在同一平面，而非垂直分佈。忉利天天主是帝釋天王，他住於善見城，位於三十三天的中央，其四方各有八天，4x8=32，加上中央的善見城，共是三十三天。

須彌山山頂的四隅各有一山峰，高五百由旬，由金剛手、藥叉於中守護諸天。忉利天帝釋天所居住的善見城，城外四面有四個林苑，是忉利天天神遊戲的地方。此天離大海八萬由旬，由上方的夜摩天亦相距八萬由旬。

忉利天的一晝夜，相當於人間百年，他們的壽命長達千歲，相當於人間三千六百萬歲。他們的身高比四天王天的天人高大，長四分之二俱盧舍，衣服長二由旬。

他們行欲之相，亦以身形交媾成淫，與人間無異，但是沒有諸不淨。

3.夜摩天（Suyām-deva）：

忉利天再上去是夜摩天，又譯爲「善時天」或「時分天」。此天位於須彌山上方，依於虛空而住，常受持快樂的果報。此天距離下方的大海有十六萬由旬之遙，距上方的兜率天也有十六萬由旬。

夜摩天一天一夜相當於人間二百年，這裏的天神壽命長達二千歲。身長四分之三俱盧舍，衣長四由旬。這裏的天人行欲之相和下方諸天不同，僅僅相互擁抱即成淫事。

4.兜率天（Tuṣita-deva）：

夜摩天再上去是兜率天，依於虛空而住。此天又稱爲「知足天」、「喜足天」，因爲此天的天神有一種特色，就是對於色、聲、香、味、觸、法等種種五欲感官的享受，能有所節制滿足，不會耽於逸樂。

兜率天一天一夜相當於人間四百年，此天天人壽命長約四千歲，衆生身長一俱盧舍，衣長八由旬。行欲之相，執手即成淫事。

兜率天分為內、外兩院。外院是天眾欲樂處，不易聞法，內院為彌勒菩薩目前的淨土，彌勒菩薩常在內院說法，稱為「彌勒內院」。彌勒內院是怎麼來的呢？在《彌勒上生經》中說，是兜率天宮的一位牢度跋提大神發願所建的。

古來許多高僧大德都發願往生彌勒淨土，像印度的無著菩薩、世親菩薩及中國的玄奘大師都是。在巴利文的「大史」（Mahavamsa, xxxii）中也記載著國王往生彌勒淨土的事蹟。這位國王是西元前二世紀頃，統治錫蘭的木杈伽摩尼王，他在臨命終時，從某位長老處聞說彌勒菩薩及其淨土之事，心中非常歡喜。不久之後，國王即蒙彌勒菩薩自兜率天乘寶車來迎接，而投生於彼天中。

5.化樂天（Nirmāṇrati-deva）：

兜率天再上去是化樂天，因為此天的天人經常自在變化各種感官享樂之具而娛樂，所以稱為化樂天。

化樂天的一日一夜相當於人間八百年，此天天人的壽命為八千歲。此天亦以三十日為一個月，十二個月為一年。身長一又四分之一俱盧舍，衣長十六由旬。男女之間的欲望，只要雙方相互熟視或微笑便滿足了。他們生育的方式，是從父母的膝上化生，初生的嬰兒就如同人間十二歲的孩童那麼大。

6.他化自在天（Paranirmitavaśavartin-deva）：

這是欲界天最上層天，由於此天常假藉他所化的愛欲境界而自在受樂，故稱爲他化自在天，又稱爲「魔王天」。他化自在天一日一夜相當於人間一千六百年，天人壽命爲一萬六千歲。身長一又四分之二俱盧舍，衣長三十二由旬。男女之間的欲望，只要雙方相視，欲望即得滿足。

他化自在天的天王名叫波旬，也就是經典中常提到的「魔王波旬」，也有說他就是印度教「毀滅之神」濕婆神。佛陀在人間即將成道時，魔王波旬怕他脫出三界輪迴，不再受其控制，因此帶領了大批魔軍來擾亂，但最後都被佛陀所降伏。《大智度論》卷五十六中說，魔王波旬擔心佛菩薩出世化度衆生，令衆生拔除生死根本，不再入於欲界輪迴，或是衆生皈信佛法，就不再歸順魔王，如此魔界的勢力就消弱了，因此他常想盡辦法惑誘、擾亂修行者。

依禪定力所成的色界天

欲界天再上去是色界天，因爲此界是由其中天人禪定的淺深粗妙來分爲四級，稱爲四禪天，分別是初禪天、二禪天、三禪天、四禪，越上層的天，禪定力越高深。

色界（梵文rūpa-dhātu）的「色」有是指物質。此界位於欲界上方，但遠離欲界的染污，一切物質皆是清淨的。色界天的衆生離於一切欲望，不染著欲界粗重的欲望享樂，但是仍然執著於清淨微細的物質，因此被稱爲「色界」。

色界天的生命沒有男女的性別，也沒有憂、苦的感受。他們所著的天衣著都是自然而有，且以光明爲食物與語言。

此界諸天依禪定的深淺次第，可分成四地，即：

1.初禪天

因爲此天遠離欲界過患而出生喜樂，所以又稱爲「離生喜樂地」。初禪天有三天：

⑴梵眾天：是大梵王所帶領、度化的天眾。

⑵梵輔天：於梵王前行列侍衛，爲其輔翼之臣。

⑶大梵天：即大梵天王。大梵天是由廣大的善報所出生。

大梵天又稱爲「大梵天王」，有時又名爲「娑婆世界主」，意思是世界的主宰者。大梵天認爲自己是宇宙的創造者，也就是一般所說的「造物主」、「上帝」。

爲什麼會如此呢？在《長阿含經》中說：當這個世界毀滅，即將形成新的世界之際，剛好有一部份的光音天的天人，天福享盡，命臨終時，從光音天命終，出生於空梵處。當時最先出生的梵天，就認爲自己是宇宙的創造者。

而後來出生的梵天，也認爲自己是被大梵天王所創造的，大梵天以自主獨存，認爲自己是衆生之父，乃自然而有，無人能造之，後世一切衆生皆由其化生；他並自認爲已盡知諸典義理，統領大千世界，以最富貴尊豪自居。在印度教的傳說中，也有大梵天創造人類的傳說。

後來大梵天王被佛陀度化之後，成爲重要的天神護法之一，和帝釋天一樣是護持佛法、鎮國利民的兩位重要天神。

2. 二禪天：

此天比初禪定中更生寂靜的喜樂，故又稱爲「定生喜樂地」。此地有三天：

(1)少光天：於二禪天中光明最少。

(2)無量光天：此天光明轉增至無量，難以量測。

(3)極光淨天：此光明於無量光天，而且能照自地，又因爲光明爲語言，所以又稱爲光音天。

3. 三禪天：

三禪天的禪定境界，已經沒有二禪的大喜湧動，只有綿綿無已的大樂，從內心發起，這種心樂美妙，難以比喻，是世間第一大樂。三禪天又分爲三天：

(1)少淨天：因意地受樂，所以名爲淨，少淨天是三禪中淨樂最少者。

(2)無量淨天：此天喜樂的覺受，轉爲更加殊勝，超過於少淨天。

(3)遍淨天：此天是三禪天中喜樂的覺受最殊勝者，而且週遍。

4. 四禪天：

因爲捨棄第三禪的妙樂，體悟無苦無樂與微妙的捨受，所以名爲捨具禪，又名爲「不動定」。四禪天又分八天：

⑴無雲天：其下爲空中天所居住之處，如雲密合；此上諸天無雲地，故爲無雲之首。

⑵福生天：因爲具有殊勝的福德果報，方可往生此天，所以名爲福生天。

⑶廣果天：在色界中，此爲最殊勝的異生果。

⑷無煩天：此天遠離欲界的苦及色界的樂，而沒有煩惱。

⑸無熱天：此天沒有熱惱，清涼自在。

⑹善現天：住此天的聖者，其果德易於顯現。

⑺善見天：生於此天，所見的世界極爲清澈。

⑻色究竟天：此天究竟諸色幾微之處，入無邊際，爲色界天最殊勝之天。

以上諸天之中，從⑷無煩天至⑻色究竟天等五天，因爲遠離一切欲望，諸聖人以聖道水洗濯煩惱垢，只有聖人可以居於此處，沒有夾雜凡夫等，因此這五天總稱「五淨居天」。此外，這五天也是得證聲聞第三果阿那含位的聖人所出生處，因此又稱爲「五那含天」。

色界的天人，還有具體的身形存在，也有天宮等建築。無色界的生命就沒有任何物質相的存在了，也沒有宮殿等建築，只是心意識的或相續或靜止。這個世界的生命，可以說是在禪定中的精神體。無色界有四天：空無邊處、識無邊處、無所有處、非想非非想處。

在欲界、色界等諸天界中，每個天界國家都有各自的領袖，稱之為「天王」。例如，在欲界天的四王天中，有東、南、西、北四天王，日、月、諸星都是其臣眾。忉利天中，則是以帝釋天為天王，統領三十三天的天眾。像釋迦牟尼佛降生人間之前，為最後身菩薩時，就曾是兜率天天王。

無有形體的無色界天

無色界（梵名ārūpya-dhātu）此天界沒有物質現象，只剩下受、想、行、識四種生命特性。

無色界又名爲四無色天、四無色處，可分爲四天，即爲一、空無邊處天，二、識無邊處天，三、無所有處天，四、非想非非想處天。

這四種禪定境界能超離於一切物質現象（色法）的纏縛，依止於精神現象（無色法）而存有，此定從境得名，所以名爲「無色定」。

在四空處天之中，一切現象都是無形無質，宛若虛空般的存在。在這四無色天的定境中，惟有存在於心念與心念之間的相互依止，所以這四種定心亦名爲「定處」，並以所憶念觀照的境界爲依止之處。

要入於無色界天，必須修學對治物質現象（色法）的繫縛，並除滅一切物質外境的感受與思惟，藉以除滅一切物質色法的修行，而達到依止於如虛空無色的純粹精神境界，也就是只依存於念念相續，而沒有任何相對的物質色法的現起與思惟的定心之中。無色界諸天包含以下諸天：

1.空無邊處天：空無邊處天的天人，由於心緣於無邊的虛空境界，而意念毫無分散，既無物質色法的纏縛，而且心念意識完全的澄靜而且自在無礙。

2.識無邊處天：入於識無邊處的天人，是由於厭棄虛空無邊，觀察虛空所緣的受、想、行、識，是如病、如癰、如瘡、如刺一般不可愛樂，並且是無常、苦、空、無我的，是欺誑不實和合而有的虛幻境界進而入於識無邊處天。

識無邊處天的禪定境界之中，不會見到任何的事相，只見到現在的心識，念念不住而且定心分明，心識廣闊，無量無邊，而在禪定中，並且能憶起過去已滅的無量無邊心識，以及未來應起的無量無邊心識，所有三世的心念皆在定中現起與識法相應。

3.無所有處天：修習無所有處定的天人，由於觀察識無邊處的過患，訶責識無邊處定及觀破識無邊處定的境界，因此得生於無所有處天。

生於此天的天人，自心怡然寂靜，絕斷諸眾心念，一切心想皆不生起。此時連心相也不可見，因爲心中無所分別，所以名爲無所有處天。

4.非想非非想處天：非想非非想處天，所謂「非想」，是因爲在此天的天人，已經滅除了粗想的心念，而其中雖然尚有微細的心念，但由於太微細了，所以無法運思並且難以覺察的緣故，所以稱爲非想，但是由於尚有甚深微細的心念，故又稱爲非非想。

非想非非想處天的禪定，是所有世間禪定中最細密、最高的禪定，也是世界存有的最終感受，可以說是世間禪定的顚峰。

天界的風土人情

欲界、色界諸天中，每個天國都有領袖，稱為「天王」。例如，在欲界天中的四天王天，就有東、南、西、北四大天王，以日、月、諸星為其臣眾。忉利天中，以帝釋天為天王，統領三十三天的天眾。在兜率天，釋迦牟尼佛降生之前的最後身菩薩，即是兜率天天王。在色界的，如色界初禪天的的天王是大梵天，統領梵輔、梵眾諸天，類似人間的政治型態。

天界和人間的生活型態有很多不同之處，在《起世經》卷七〈三十三天品〉中說，天人出生的方式是由意念所化生，不像人間是由母胎中所出生。此外，由於自身業力所熏習的緣故，天人一生下來就擁有宿命通，能了知自己過去世的行業。天人一出生時，自然知道自己是從何處死亡來投生天上，也知道現今自己所出生之處，並知道自己是由於哪一生的福報得以生於天界。

天人的生活可以說是人間感官享樂的極致。一來天人的身體不像人間一樣矮小、粗重，而是身形高大，色身微細妙好，自然發出光明，沒有人間的病苦。

《經律異相》卷一中說：「四王身長皆半由旬。衣長一由旬，廣半由旬，其重二分。」距離我們最近的四天王天，彼處天人身高半由旬（約十五里），衣服長一由旬，廣半由旬，但是這麼大的衣服，重量卻只有兩分，可見其質地之輕細。

天人的壽命很長，相對於人間而言，幾乎是長生不死的。經律異相中說四天王天的天人：「天壽五百歲，少出多減，以人間五十歲爲天一日一夜，亦三十日爲一月，十二月爲一歲也。食淨摶食，洗浴衣服爲細滑食。男娶女嫁，身行陰陽，一同人間。」

四天王天的衆生壽命爲五百歲，他們的一天一夜相當於人間五十年，如此換算，他們的平均壽命，大約是人間的九百多萬歲。若是生前行善，具有福德的衆生，就能投生於此天。在此處也有著像人間男娶女嫁的婚姻制度。

投生於天上的生命，多是往昔身、語、意行善所致。天人嬰兒出生的方式，不像人間是從母胎中所出生，而是從父母的膝上所化生。在生活的享受上，觸目所見皆是黃金衆寶所莊嚴。連衣服和飲食也是自然而有，不必辛苦賺取。

經中說：「以昔三業善，今生爲天。自然化現在天膝上，形之大小如人間兩歲。兒生未久便自知飢，七寶妙器盛百味食。若福多者飯色自白，若福中者飯色自青，若福少者飯色自赤。」

天人剛出生的嬰兒，就像人間兩歲幼童那麼大，色相圓滿，而且穿著天衣。他們吃飯時，以七寶所作的寶器盛著百種妙味飲食，而飯的顏色則隨著個人福德不同而呈現不同的顏色，如果福德多的人，飯呈白色，中等福德的人，飯呈青色，少福德的，飯則呈紅色。

天人所穿的妙好天衣，也是自然長出，完全不必費心張羅。當他們澡浴清淨之後，就到香樹下，香樹的樹枝會自然低屈，並從枝中生出種種妙香，流入其手中。天人就以香塗身，塗完之後，又到衣樹處，此時衣樹會自然低下枝椏，於其樹枝之間生出種種微妙上好的衣服，只要伸手即可取來穿。

在《大方廣佛華嚴經》卷十五〈入不思議解脫境界普賢行願品〉中說「復有衣樹，名能清淨，常出眾色諸妙寶衣，垂布樹枝，以爲嚴飾」。

天界的神奇寶樹——劫波樹

在帝釋天所居住喜林園中，有一棵神奇的寶樹，名為劫波樹，「劫波」是時間的意思，由此樹的花開花謝，可以測知天上的晝夜時間，所以稱為劫波樹。

此外，劫波樹也是一種能達成心願，不可思議的寶樹，在古代印度的文獻記載中經常可見。

《起世因本經》卷一記載劫波樹的形貌：「復有劫波樹，亦高六拘盧舍。（中略），悉有種種葉花與果，從彼果邊，自然而出種種雜衣，懸在樹間。（中略）悉有種種葉華與果，彼等諸果，隨心而出種種瓔珞，懸垂而住。」

此樹為什麼稱為如意樹呢？根據《金剛頂經》卷四中記載，此樹能應時產生一切所之物，如衣服、莊嚴的飾物、日常資生用具等，因此而名為如意樹。因為劫波樹能出生種種衣具、珍寶等，因此又稱為「衣樹」。

在印度，經常有將香花、瓔珞等寶物掛在樹上，普遍佈施大眾的習俗；其中所用來懸掛寶物的樹，就稱為「劫樹」或「寶樹」。

無論是個人及外在的環境，天界的生活看起來幾乎是人間幸福的極致了！然而，這樣的環境也有一個缺點，難以感受人生的苦迫，缺乏精進修行的動力，難以解脫生死，當天福享盡時，就落到惡道受苦。

例如，天人的壽命比人間長很多，像距離我們最近的四天王天，那裏的天人壽命相當於人間的九百多萬歲，忉利天的天人壽命相當於人間三千六百多萬歲。這麼長的壽命，讓他們經常忘記自己會死，不容易感受生命苦迫，難以生起修行的心念。這也是爲什麼佛法中認爲天上並不是適合修行之處。

但即使是再長的壽命，都有死亡的時候。

天人壽命將盡之時，會出現起五種身心及外境衰敗的徵兆，稱爲「天人五衰」：

⑴頭頂上美麗的華冠自行凋萎。

⑵天人所穿著的天衣原本是非常細軟潔淨的，此刻卻開始出現垢膩等種種不淨。

⑶天人的身體本來是非常潔淨的，沒有人類的汗臭，但此時他們的腋下會開始流汗，身體健康走下坡。

⑷天人的心思安定，不像人間一樣浮動，但此時會出現煩躁不安的情況，不再喜歡安住在自己的寶座。

⑸原本在身邊陪伴的天女或天男，開始嫌棄遠離。

如果天人開始出現了這五種明顯的徵兆，他們就知道自己的天壽快終了。

除此之外，在《大毗婆沙論》中有更細微的描寫：

平時天人往來移動時，身上的衣服、瓔珞等莊嚴器具，自然會發出各種美妙的樂聲。但是當壽命將盡時，就不再發出此聲。

原本天人身上都會發出光明，晝夜恆常照耀。但是將臨命終時，這身光就會逐漸變得微小、昏昧。

還有，天人的皮膚非常細滑微妙，因此沐浴後，水滴原本是不會凝聚在於皮膚上的，但是臨命終時，身體開始迅速老化，水滴就開始會附著在身上。

天人的眼、耳、鼻等六根本來都是非常活潑靈敏的，但是臨命終時，六根就會變得遲鈍呆滯，作用大大減弱。這時眼睛也會有明顯的變化，天人平日身力強盛，眼目安定不會瞬動，但是臨命終時，由於身力虛弱，眼目就經常瞬動不安。

由於天上的享受極為快樂，活得又久，加上天人的色身光明美好，不像人間有疾病之苦。而生於天上的人，都有一定的福德，也沒有貧窮人需要濟助，因此天人每天除了享樂之外，並沒有機會行善，也不容易生起修行的心念。雖然佛菩薩也常到天上說法，許多天人也都具善心聞法，但往往一回去就忘得一乾二淨，到了臨命終五衰相現起時，要積善修行已經來不及了，往往天福享盡就墮入畜生等惡道，宛如存款花光了，一下子從富豪變成乞丐。

當然也有具善根的天人，在臨命終前，憶起佛陀，趕緊前去乞求救護，在臨終前的關鍵時刻，至心皈命佛法，而免於入於惡道的例子。

很久以前，有一位帝釋天王天壽將盡，即將命終。由於天神有神通，他知道將來自己天福享盡之後，即將投生到一個陶匠家作驢子，終生受到鞭打勞疫，一想到這裏，心中就非常害怕憂愁，但他也不知如何是好。

由於他平時聽聞佛法的福德，憶起佛陀的功德巍巍，必定能加以救護。距離他命終的時間快到了，他立即火速前往佛陀住處，稽首伏地，至心歸命佛、法、僧三寶，乞求救護。就在他禮拜於地，尚未起身之際，他的壽命終了，神識果然入於陶匠家母驢胎中。當時母驢因爲掙脫韁繩，跳躍奔走，破壞坏器，讓陶匠十分生氣，使勁地鞭打它，母驢驚嚇走避，傷到腹中胎兒，隨即流產，於是帝釋天投胎的小驢子就胎死腹中，他的神識又回到天上，重新投胎至忉利天，回復帝釋天王的身份。

由於臨命終至心皈命三寶的功德，讓他迅疾脫離驢身，再度投生天上，不必投生爲畜生受苦。

什麼是「天衣無縫」？

這是指天人所穿的衣服，沒有人工縫合的痕跡。相傳天衣的重量極輕，而且其重量又隨著天界的往上遞昇而遞減，也就是越上層天界的天衣越細越輕。

《大智度論》卷三十四中說：「色界天衣無重相，欲界天衣從樹邊生，無縷無織，譬如薄冰，光曜明淨，有種種色。色界天衣純金色，光明不可稱知。」這是說色界的天衣幾乎沒有重量，欲界天的天衣是從樹邊自然出生的，完全沒有纖維線縷編織的痕跡，因此說「天衣無縫」。現多以此來比喻計劃的縝密周詳，完全不露痕跡，毫無破綻。

守護世界的四大天王天

以下介紹的是和人間關係最密切的天界——欲界的「四天王天」及「忉利天」。當我們到佛寺參訪時，在門口的地方，經常會看見四尊身形魁偉，穿著戰甲的天神像，他們就是著名的四大天王。

四大天王（梵名catusra mab-rjik），是佛教中非常重要的護法，是欲界天之中，極力護持佛法的四位天王。

四大天王，以北方多聞天爲首，再加上東方的持國天王、南方的增長天王、西方的廣目天王，共爲四天王。四大天王又稱爲「四天王」、「護世四天王」及「護世天」等。他們住在欲界天中的「四天王天」，帶領著眷屬天衆，發願守護這個世界無有災難，衆生安居樂業，福德財寶增長，入於正法，是與人間關係極爲密切的護法。

北方毗沙門天王（梵名Vairavaa），居住在須彌山第四層北面，率領夜叉、羅叉等二神衆，守護閻浮提北方及其餘三門。由於他時常守護道場、聽聞佛法，因此又被稱作「多聞天」，有時也被視爲戰勝之神而受到尊崇。又因能賜予福德，在西藏被視爲財神，日本也將其列爲七福神之一。

一般毘沙門天王的形像，大致可分爲坐姿與站姿兩種，坐姿的毘沙門天王或是貴人形、天王形、武士形，其頭頂戴著寶冠，身穿著甲冑，右手置於腰際拿著寶杖，左手則托著寶塔。

立姿的毘沙門或示現大將軍的形像，身穿著金剛甲冑，左手捧著多寶塔，右手持戟或劍，腳踏著二夜叉或三夜叉，眼睛瞪大怒視，示現忿怒像來降服衆魔。

在西藏，毘沙門天王的造像大都是碩壯肥胖爲多，突顯其財神的特性，具有賜予衆生財寶的威勢。

由於毘沙門天王左手持塔的造像，所以民間稱其爲「托塔天王」。黃財神和台灣民間著名的那吒三太子，都是毘沙門天王的太子。

東方持國天（梵Dhṛtarāṣṭra），居處在須彌山之黃金埵，爲東方的守護神。由於其護持國土、保護衆生，所以又被稱爲「持國天」。

依據《陀羅尼集經》的描繪，持國天的形像是：身著天衣，嚴飾精妙，與身相稱。左手臂垂下握刀，右手臂屈而前向仰掌，掌中有寶物放光。另有手持琵琶的造像，則是出自《藥師琉璃光王七佛本願功德經》念誦儀軌供養法的記載。

南方天王增長天（梵Virūḍhaka），因為其能使一切衆生善根增長，所以稱之為增長天。他住於須彌山南面半腹的琉璃埵，常時觀察閻浮提衆生，率領鳩槃荼及薜荔神等諸神，守護南方。

在《大集經》卷五十二〈毗樓勒叉天王品〉中，有佛陀咐囑其守護閻浮提南方世界的記載。

關於此天的尊形，有種種不同的記載，在現圖胎藏界曼荼羅中，此尊位於外金剛部院南。通身是赤肉色，被著甲冑，肩上著緋端，瞋目怒視，左手作拳安腰，右手把劍於胸前。而《陀羅尼集經》卷十一所說，則身著種種天衣，妝飾精妙，左手伸臂，垂下把刀，右手執銷，銷根著地。表折伏邪惡，增長善根之意。

另於《藥師琉璃光王七佛本願功德經念誦儀軌供養法》中，則說南方增長天王身青色，執寶劍，守護八佛之南方門。

西方天王為廣目天（梵名Virūpākṣa），率領無量天龍及富單那、毗舍闍諸神等眷屬，守護閻浮提世界的西方。廣目天王也是諸龍之主，《佛母大孔雀明王經》卷上說：「此西方有大天王，名曰廣目，是大龍王，以無量百千諸龍而爲眷屬，守護西方。」

在《大集經》中也說，佛陀曾付囑廣目天王護持閻浮提洲的西方世界，囑彼率領其子及師子、師子髮等八位諸龍軍將、西方十六天神、三曜七宿、諸天龍鬼……等眷屬，共同負起護法重任。

相傳，廣目天是大自在天的化身，由於前額有一目，因此稱爲廣目天。不過後世流布的尊形，大都未見該目。其尊形通常作赤色，現忿怒形。甲冑上著天衣，右臂持三股戟，左拳置胯上，面向左方，交腳而坐。又依《陀羅尼集經》卷十一所描述，其身著種種天衣，嚴飾極令精妙，與身相稱，左手伸臂執銷，右手持赤索。在中國，廣目天王也有多種不同造型。

四大王王帶領著無量眷屬，守護世間風調兩順，國泰民安，是人間的大護法。在《金光明經》中，四大天王則於佛前說：「……世尊！我其四王、二十八部諸神共，及無量百千鬼神，以淨天眼，過於人眼，常觀擁護此閻浮提，世尊！是故我其八邦寺卓拉康大殿內的《四大天王》壁畫（通拉澤翁所主持繪製）。

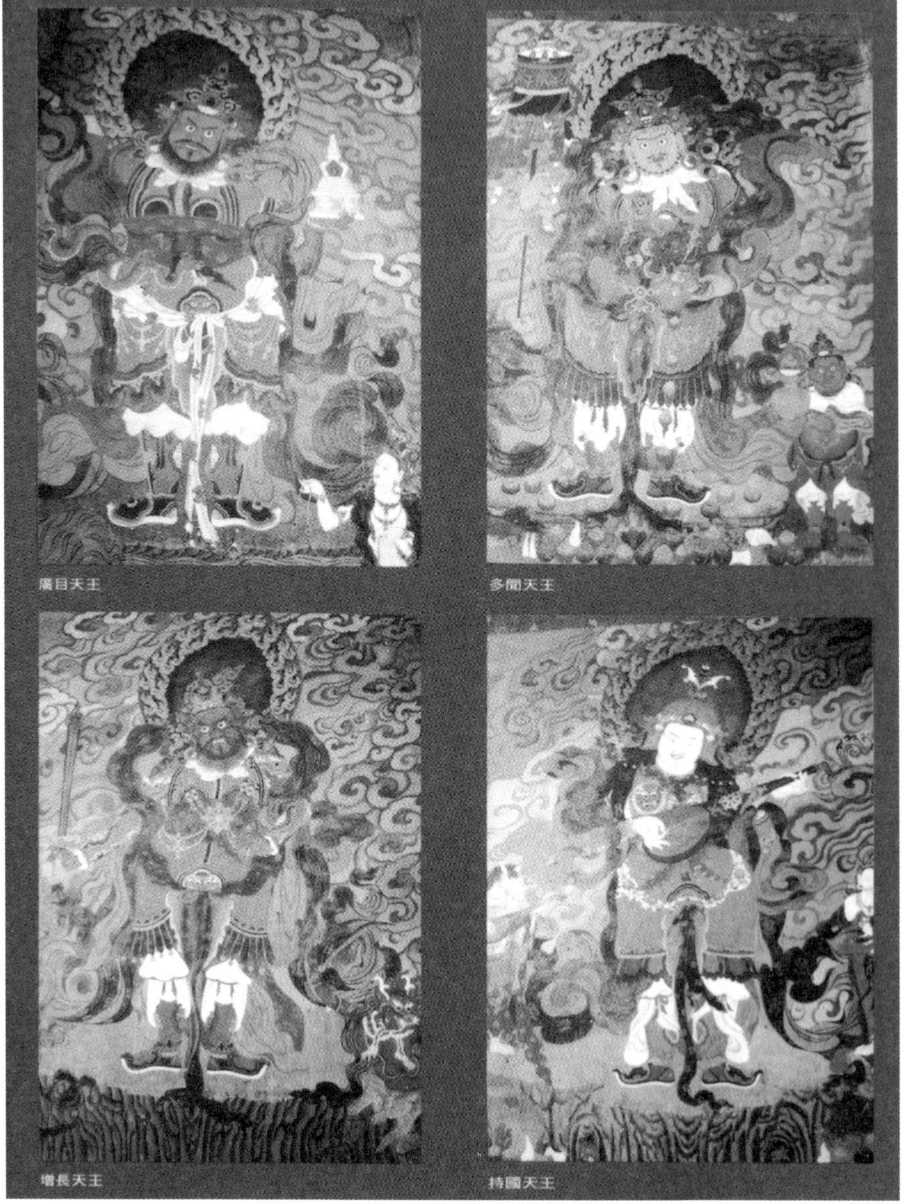

守護世界的四大天王

名護世王。」

以上這四位天王所居住的天界，就稱爲「四天王天」。

四大天王和人間的關係極爲密切，尤其是爲首的毘沙門天王，歷史上也有許多相關的靈驗事蹟。例如，在《宋高僧傳》卷一中，就記載著毗沙門天王幫助唐玄宗平定邊境的事跡。

唐玄宗天寶年間，西蕃、康居等國經常干擾唐朝的邊境。於是唐玄宗請不空三藏到宮中修法，祈求毗沙門天護持。不空法師開始修法不久之後，果眞有五百名神兵降落在殿庭中，唐玄宗非常驚訝，不空法師說：「這是毘沙門天王的太子率領將兵拯救西安，請聖上速備飲食供養。」

不久之後，西安就有消息回報：在城的東北方約三十里處，於雲霧間看見神兵，鼓角諠鳴，山地崩震，蕃部的士兵驚潰逃散。此外，在各敵營中都見到金鼠到處咬斷弓箭的絃，而且器械損毀盡斷不堪使用。在城的北門樓則有毘沙門天王怒視著，更使蕃部的將帥士兵嚇得四處奔跑流竄。

唐玄宗知道這是毘沙門天王的護佑，在銘謝不空法師後，就令在每個城樓上供置毘沙門天王的法像供養。

依據《四天王經》所記載，四天王都從屬於忉利天的帝釋天王。他們在每月的六齋日，檢視人間的善惡行業，並勸勉衆生守戒行善。每月的八日是四天王的使者到世間出巡，每月十四日是四天王的太子出巡，每月十五日，四大天王親自出巡，回到天界向帝釋天稟報。天帝聽到人間持戒行善的事蹟多就歡喜，如果聽到行惡者多就悶悶不樂。欲界六天之中，以四大天王所統領的境域最爲寬廣。

「天上一日，人間百年」的忉利天

忉利天（梵名Trāyastrṃsi），意譯作三十三天，「忉利」是梵名的略稱。此天爲欲界六天中的第二天，位須彌山頂。

由於忉利天的天主帝釋天，也就是民間所稱的「玉皇大帝」、「天公」，傳說正月初九是他的誕辰，俗稱爲「天公生」。帝釋天王可說是和人間的交涉極深的一位天主。

帝釋天住在忉利天中央的善見城，四方各有八城由其眷屬天衆居住，合計共有三十三天。因此此天又稱爲「三十三天」。

在《正法念處經》卷二十五中說這三十三天分別是：住善法堂天、住天、住山頂天、善見城天、私地天、住俱吒天、雜殿天、住歡喜園天、光明天、波利耶多樹園天、險岸天、住雜險岸天、住摩尼藏天、旋行地天、金殿天、鬘影處天、住柔軟地天、雜莊嚴天、如意地天、微細行天、歌音喜樂天、威德輪天、月行天、閻摩娑羅天、速行天、影照天、智慧行天、衆分天、住輪天、上行天、威德顏天、威德燄輪天、清淨天等。

忉利天位於須彌山頂，距離須彌山半腹的四天王住處第四層有四萬由旬，距大海有八萬由旬，四面寬廣亦各為八萬由旬。四隅各有一，其高五百由旬，由號稱金剛手的藥叉神居住，以守護諸天。

此天中央的大城名叫善見城，也叫喜見城，忉利天主帝釋天就住在這兒。此城周圍一萬由旬，高一由旬半。

這裏的地面非常平坦，而且地面都是由純金所成，上以種種寶物莊飾。雖然如此，但這裏的地面踏起來一點也不會堅硬冰冷，反而像最細柔的絲綢一樣柔軟細緻。喜見城中有高廣殊勝的宮殿，周圍千由旬，皆以種種妙寶莊嚴。

在《大毗婆沙論》卷一三四中記載，帝釋天所居的善見城，城外的四面各有一苑，稱為「帝釋四苑」：

(1)衆車苑：帝釋諸天若欲遊玩時，隨其福德之力，於此苑中自現種種寶車。

(2)粗惡苑：帝釋諸天若欲戰鬥時，隨其所需之甲杖等器，於此苑中自然出現。

(3)雜林苑：帝釋諸天若遊此苑，則於諸種衆妙之境，所玩皆同，俱生勝喜。

⑷喜林苑：帝釋諸天若遊此苑，則極妙之境種種皆集，歷觀遍覽而喜樂無窮，不生厭離。

城外有專供天人遊樂的園林。城外東北有圓生樹，枝條傍布，高廣都是百由旬。此樹開花時，妙香四溢，隨風所至的香味可達百由旬之遠，即使在逆風也可達五十由旬，是天人們最喜歡遊樂之處。

天樹之王——波利質多樹

忉利天中到處都有遊樂之處，天人最喜歡去的地方之一，就是善見城外的波利質多樹下。

波利質多羅樹，意譯為圓生樹、香遍樹。此樹號稱為樹中之王，又稱天樹王。「波利」，義為遍佈，「質多羅」，義為交錯莊嚴之相。波利質多羅就是「莊嚴遍佈、圓妙莊嚴」之意。又根據《華嚴探玄記》卷二十說，波利質多羅，義為香遍樹，因為此樹枝葉實一切皆香氣襲人，故名之為香遍樹。

如《俱舍論》說：圓生樹生於忉利天東北方，屬三十三天受欲樂之處。圓生樹盤根錯節，深廣達五十踰繕那。踰繕那是佛經裡特有的一種計量單位，也就是由旬，一由旬有說三十里，也有說四十里。從樹幹上升，枝葉旁布，樹高葉茂達一百踰繕那，挺葉開花，妙香芬馥，順風香飄百踰繕那，即使逆風時花香也可達五十由旬。

波利質多樹住有樹神，名叫漫陀，常在樹上演奏各種伎樂娛樂，所以這裏就成為三十三天天人最喜歡來娛樂的地方之一。

佛陀曾以波利質多羅樹來比喻菩薩發心的珍貴。佛陀告訴弟子，就像波利質多樹，初生小華時就有美好的香氣，閻浮洲的一切華香，都不及利質多羅俱毘陀羅樹初生的小華那麼香。就像聲聞、獨覺所有善根，不管是名聞、香味、威德、力勢，都不及初發菩提心的菩薩摩訶薩。

善見城外西南角有一座善法堂，可以說是忉利天人的議事堂，每當半月三齋日，三十三天的天衆在此處集會，於此評論如法、不如法之事。

這座善法堂，縱廣各五百由旬，爲七寶所成，其地爲青琉璃寶，柔軟細滑，觸之如迦旃提衣。堂中央有一寶柱，高二十由旬，柱下設帝釋天之座，高一由旬，方半由旬，左右各有十六小天王之座。城側有伊羅那大龍王宮殿。

除了集會討論之外，善法堂也是忉利天天人聽聞佛法的場所。忉利天有一座神奇的天鼓，不需敲打而自然發出聲響。天鼓什麼時候會響呢？一是敵人來襲時，一是天人太過放逸時，天鼓都會自動發出聲響警醒。

如《華嚴經》〈賢首品〉中說：「忉利天中有天鼓，從天業報而生得。如諸天眾放逸時，空中自然出此音：『一切五欲悉無常……汝應受樂眞實法。』三十三天聞此音，悉共來昇善法堂，帝釋爲說微妙法，咸令順寂除貪愛。」

當天人過度放逸享樂時，就會聽到天鼓說：「一切五欲快樂都是無常的，汝等應受究竟之樂的眞實法。」天人們聽到了，就群集於善法堂，帝釋天就爲天眾說微妙法要，讓大家心隨順寂靜，去除貪愛。

如果是敵人來襲，天鼓也會發出警訊，在天人和修羅打仗時，天人聽見天鼓的響聲，無不軍心振奮，修羅聞之則心生怖畏。《法華義疏》卷一中說：「外國名佛以爲天鼓，賊欲來時天鼓則鳴，賊欲去時天鼓亦鳴。天鼓鳴時諸天心勇，天鼓鳴時修羅懼怖。」佛陀也常以天鼓之音來比喻佛之說法，眾生煩惱應來佛則爲說法，眾生煩惱應去佛則爲說法。佛說法時弟子心勇健，佛說法時諸魔懼怖。天鼓無心能爲四事，如來雖說亦復無心，因此以天鼓來比喻佛陀說法。

忉利天一晝夜相當人間百年，天人壽量達千歲，相當於人間三千六百萬歲左右。此天行淫欲時雖交行如人間，唯泄完風氣後熱惱便除，並無人間種種不淨。忉利天天人身量高一由旬，天衣長二由旬寬一由旬。初生的嬰兒就如同人間六歲小兒那麼大，色身圓滿，自有衣服。

忉利天的統領——帝釋天王

忉利天的天主帝釋天（梵名Śakra-devānām-indra），也就是一般民間俗稱的「玉皇大帝」、「天公」。他的別名很多，自古便相傳因陀羅有種種別名，甚至有言百八名，或者千名之說。漢譯另有天帝釋、因陀羅（Indra）、釋迦因陀羅等名。

此天爲佛教的重要護法神之一，也是四天王天及地居的天、龍、夜叉們的統攝者，密教則列爲十二天之一。另據《雜阿含經》卷四十所說，因陀羅具有聰明智慧，於一坐間能觀千種之義，故又稱「千眼」。而其形像也常呈天人形，坐巨象上，以千眼莊嚴其身。

《大智度論》卷五十六等經論記載，往昔帝釋天原來是摩伽陀國的婆羅門，姓憍尸迦，名摩伽，生性樂善好施，對於出家人及貧窮困苦的人，他都能隨緣樂助。由於他生前積聚了極大的福德，所以死後成爲忉利天主，受用種種快樂。

帝釋天住在三十三天中央的善見城，統領一切，周圍環繞著三十二天宮，分別由三十二位輔臣鎮守。這三十二位輔臣，往昔在人間時，原本是帝釋天的至友，由於他們在人間曾共修福德，所以命終後一齊成為忉利天其他三十二天的天主。

除了四大天王等地居天、龍夜叉眾眷屬外，帝釋天還有十位太子隨從護衛：在《長阿含經》〈世記經忉利天品〉中說：「釋提桓因左右常有十大天子隨從侍衛，何等為十？一者名因陀羅，二者名瞿夷，三名毗樓，四名毗樓婆提，五名陀羅，六名婆羅，七名耆婆，八名靈醯嵬，九名物羅，十名難頭。釋提桓因有大神力，威德如是。」

⊙天與阿修羅的爭戰

忉利天的自然環境華麗之極，帝釋天和此天的天人大部份的時間都在享受與娛樂，比較不如意的事，除了壽命將盡，五衰相現前之外，就是與阿修羅眾之間的戰爭。

忉利天的天人與居住在須彌山北大海底的阿修羅眾向來是世仇，常互相爭戰，也互有輸贏，在《雜阿含經》卷三十五中就提到兩軍征戰時，帝釋天激勵軍心的情形：「過去世時，天、阿須輪共鬥。時，天帝釋告諸天眾：『汝等與阿須輪共鬥戰之時，生恐怖者，當念我幢，名摧伏幢。念彼幢時，恐怖得除。』」其中所說的「帝釋幢」，是指帝釋天頂上的寶幢，代表著帝釋天，使天兵天將軍心振奮。

帝釋天與阿修羅戰爭，在經典中經常可見。著名的大白傘蓋佛母神咒，就是從這個因緣而來。某次帝釋天王與阿修羅戰爭時，帝釋天落敗，便向佛陀的祈求加持，於是佛陀從頂髻上現起千臂千眼的大白傘蓋佛母，將阿修羅衆嚇得潰逃而去，才結束了這場戰爭。

佛陀往昔本生爲帝釋天王時，也曾與修羅征戰。當時阿修羅獲勝，帝釋天乘著千輻寶車逃走，阿修羅趁勝追擊。在逃亡途中，帝釋天生性仁愛，看到前方樹上有一個鳥巢，巢中有二隻幼鳥，眼看著寶車就要撞倒此樹了，沒想到帝釋天趕緊對駕車的天人人說：「樹上有二隻幼鳥，我們迴車避開吧！寧願我被賊人所害也不要傷了兩隻無辜的小生命。」御車者聽了，緊急刹車，回頭向修羅追兵來的方向前進。

這個突如其來的動作，讓窮追不捨的阿修羅衆嚇了一大跳，以爲他得到援軍，要回頭來攻打修羅大軍，因而不敢戀戰，迅速退走了。於是天人就因此打了一場莫名其妙的勝仗。

忉利天天主帝釋天王

帝釋天是佛教重要的大護法，他不只常向佛陀請示佛法，而且也經常用種種勝妙物品供養釋尊與僧衆。在經典中也常常可見到帝釋天請佛說法、聞佛說法或護持正法行人的種種故事。如：在佛陀於人間誕生時，帝釋天即以勝妙天衣跪接，當佛陀前往菩提樹下，即將成道時，帝釋也刈下吉祥草供養釋尊，而釋尊也在菩提樹下以此吉祥草敷成吉祥座，於此金剛寶座上，成證無上正覺。

佛陀成道後，上昇忉利天爲佛母摩耶夫人說法時，帝釋即執寶蓋爲佛陀的侍從，而佛陀說法圓滿，要返回人間時，帝釋天等即與天衆化現金、銀、琉璃三道寶階，讓佛陀依此返回人間。除此之外，六道衆生中如果有至誠學佛的，也往往能得到他的隨喜讚歎與護持。

有關帝釋天的形像，根據經中記載：他安坐於須彌山頂，四周有天衆圍繞，頭戴寶冠，身披種種瓔珞，持金剛杵，身邊有舍脂夫人及六欲天等諸眷屬圍繞。帝釋天的三昧耶形爲三鈷杵，象徵能摧破衆生三毒之煩惱，也表示於三界自在之義。

帝釋窟的遺址

在唐．玄奘大師的《大唐西域記》卷九摩揭國下記載，在往昔摩揭陀國之地，有帝釋天向佛陀問法的洞窟遺址。此地大約於今印度比哈爾邦的巴特那和加雅地方。文中記載，自迦羅臂怒迦邑，東南方的舍利子門人窣堵波之處，東行三十餘里，有因羅勢羅窶訶山，此山以山窟前有因陀羅樹而得名，也就是「帝釋窟」。其中山谷杳冥，花林蓊鬱，嶺有兩峰險峻，在西峰的南面有一大石室，寬廣而不高，其中有當時天帝釋曾以四十二個問題一一以指畫石問佛的遺跡。這個故事經常成為佛教繪畫、雕刻的題材。

第五章 地獄與鬼神

惡業的牢獄——地獄

相對於極度享受的天堂而言，地獄可以說是痛苦的深淵，也是一般人最爲恐懼的神秘之地。

地獄（naraka）梵名稱爲捺落迦，又稱爲泥黎，是指衆生受到自己所造的惡業的業力驅使，所投生的惡業牢獄。《大毗婆沙論》說「捺落迦」有：壞喜樂、無歸趣、無救濟、苦器、卑下、顚墜等義。《玄應音義》卷二十四則說有：不可樂、不可救濟、闇冥、地獄四種意義，是衆生受苦極致之處。

一般常說的「十八層地獄」，是指衆多地獄中的主要的「八熱地獄」與「十寒地獄」，並不是說只有十八個地獄。

所謂的八熱地獄，是指八種具有燄熱苦毒的地獄，也稱爲「八大地獄」，分別是：一、等活地獄，二、黑繩地獄，三、衆生地獄，四、叫喚地獄，五、大叫喚地獄，六、焦熱地獄，七、大焦熱地獄及八、無間地獄（阿鼻）地獄等八大地獄。《增一阿含經》中說，這八大地獄又各有十六個附屬的小地獄，加起來共有一三六個地獄。

而十寒地獄（一般也有只分成八寒地獄的），投生於其中的有情衆生，受到嚴寒的苦迫，十分的痛苦。十寒地獄包含了一、厚雲地獄，二、無雲地獄，三、呵呵地獄，四、奈何地獄，五、羊鳴地獄，六、須乾提地獄，七、優鉢羅地獄，八、拘物頭地獄，九、分陀利地獄，十、鉢頭摩地獄等十座甚於寒冰的地獄。

除了八大地獄和十寒地獄之外，又有所謂的「孤地獄」又稱「獨一地獄」、「邊地獄」。其設於特定的區域，或在江河附近，或散在山間、曠野、地下、空中等處。

⊙地獄在那裏？

地獄的位置，據說是在閻浮提世界邊緣，大鐵圍山所圍繞的大海底。鐵圍山（Cakrauadaparaaxa）又稱爲鐵輪圍山、金剛鐵圍山或金剛山。在佛教的世界觀中，以須彌山爲中心，其週圍有七山八海的圍繞，最外側的山由鐵所成，所以名爲鐵圍山。

須彌山的周圍繞有七座金山，在七金山與須彌山中有七座海，充滿八功德水。七金山外則隔著鹹海，有鐵圍山圍繞，鹹海中有東弗婆提洲、南閻浮提洲、西瞿耶尼洲、北鬱單越洲等四大洲，這就是所謂的須彌四洲。而我們則居於南閻浮提洲。

而在鐵圍山之外，又有一種大鐵圍山圍繞，在二山之中，十分的黑暗，沒有光明，就是日月有著極大的威力，也不能以光明照及於此。而在兩座鐵圍山間，有著八大地獄。

《俱舍論》等記述，在閻浮洲之下過二萬由旬處，有無間地獄，其縱、廣、深各二萬由旬。於其中之一萬九千由旬中，有其餘七個相重疊的地獄，上狹下方廣。

根據《長阿含經》所說，八熱地獄、十地獄、閻魔王所皆是在兩重鐵圍山內日月光不及的冥闇處。此地有毒風，如果不是有鐵圍山遮擋，必會吹到四天下，如此則山河、江海、草木、衆生皆會焦枯。

《順正理論》中只有八熱地獄的方位是與《俱舍論》相同，此外，認爲八寒地獄是在鐵圍山之外的極冥闇處，孤地獄是散在閻浮洲中的河邊、山間、曠野、地下、虛空等處，還有少部份是在東、西、北三洲。又有一說，北洲不僅沒有大地獄，甚至連孤地獄也沒有。

《瑜伽師地論》記述在閻浮洲下，隔三萬二千由旬處有等活地獄，其餘七個地獄按順序排列於其下，各深四千由旬。八寒地獄也同樣是在閻浮洲下三萬由旬處。第一個是寒地獄，其餘七個地獄位於其下，各深二千由旬。此種說法與《俱舍論》的說法相比，雖然在數量上有所不同，不過方位在閻浮洲下卻是一致的。

在鐵圍山外有三重大海，稱爲「業海」，這大海的海水，和平常的海水不同，它的海水上湧沸騰，直冒著水泡。在大海之中，還有各種的惡獸，都是以鐵爲身，牠們飛走在海上，東西快速的疾馳追逐。有百千萬數的男女，載浮載沉地出沒在大海中，被惡獸們爭相噉食。

此外，還有衆多令人怖畏的夜叉幫忙驅趕惡人到惡獸身邊，這些夜叉有的首如牛，有十隻耳朵，耳中又出生各種鐵箭，身上衝出猛熾的赤色烈燄，頭上長有十八隻利角。有的首如狐頭，有十千隻眼，眼上的睫毛十分長大，宛如霹靂火炎，而頸項上還有口，口中吐出烈火，身上的毛髮，猶如利劍一般。有的則是倒懸於空中，有十二隻腳，在足根之上有一千隻刀輪，頭如泰山一般，在頭上有五百棵劍樹，樹頭上有火燄生起。

有的則是婉轉用腹部爬行而走，身上負著大山。有的則是一頸多頭，口中有著千隻舌頭，在舌上生著棘刺樹，毛鬣上衝，毛端尖創，吐刺疾走，騰空而至。這些夜叉，驅趕惡人，使他們貼近鐵製的各種惡獸，讓這些惡獸吞噉。有些則又親自博取罪人的頭手，相就凌遲，各種恐怖的手段，讓人不敢久視。

這些海中的男女，都是生前造了極重的惡業，如果在死後四十九天之內，也就是要去投胎前，都沒有親友或子嗣爲他廣作功德，以救拔苦難，而他自己生前又沒有種下其他善因，因此只有依著生前所造的惡業，而投生於所感的地獄之中。在要前往地獄之前，自然會先來度過這個大海，在業海中翻騰受苦。這些都是由身、語、意三種業力的惡因，所招感而成的。這個業海，可說是名符其實的「苦海」。

⊙閻摩王和牛頭馬面

據《長阿含經》所說，在各種地獄之外還有閻摩王的宮殿，雖然其城有七重，並有七重欄楯、七重行樹，景色頗佳。但是衆鳥卻相和悲鳴，在晝三時、夜三時，閻摩王的宮殿會現出大銅鑊，獄卒就來此捉住閻王，使之受苦刑。閻王在受罪之後，又可繼續與大臣們共享福樂。

閻王常派遣「老」、「病」、「死」三個使者遊行人間，衆生命終時，因所造惡業的驅使，而隨著獄卒到閻魔王前。閻王就對罪人告誡說：「你會來到地獄，是你自身放逸，不修身、口、意三善業，此罪過是你自己所造，不是父母之過，也不是兄弟之過，乃至非天帝、先祖、僮僕、沙門、婆羅門之過。我常派遣「老」、「病」、「死」三位使者向你警告，告訴你早晚要受業報，但是你卻茫然不覺，仍

地獄裏的閻摩王

然繼續造惡業，因而必須自己受苦。」閻王經過詳細詰問後，乃命獄卒將罪人送往大地獄。《閻羅王五天使經》、《鐵城泥犁經》將上述的「三使」增加為「生」、「老」、「病」、「死」、「王法刑罰」等「五使」，乃至後世所流傳的十王治罪之說，是出自閻魔王治地獄之傳說所輾轉增廣而來的。

而地獄裏的獄卒，有說是羅剎惡鬼所變，專門負責懲罰罪人。在《大智度論》中說：「惡羅剎獄卒作牛、馬等種種形，吞噉、嚙嚙罪人。」《俱舍論》中則說：「琰魔王使諸邏刹娑，擲諸有情置地獄者。」它們有各種形狀，或牛頭人手，或具有牛蹄，或為鹿頭、羊頭、兔頭等，或是多手、多眼、多足、多頭，口牙外露。

◉總共有多少個地獄？

地獄的數量到底有多少？經論中的說法各有不同。上述所說的八大地獄和十寒地獄是主要的地獄，例如《長阿含經》卷十九、《起世經》卷三說除了八熱地獄之外，還有頞浮陀、泥羅浮陀二地獄，總共是十地獄。關於八熱地獄的十六個眷屬地獄的名稱。

在《長阿含經》中說整個八熱地獄有十六個地獄，即黑沙、沸屎、五百釘、飢、渴、一銅釜、多銅釜、石磨、膿血、量火、灰河、鐵丸、釿斧、豺狼、劍樹、寒冰等地獄；《增一阿含經》卷三十六〈八難品〉說此十六地獄爲優鉢、鉢頭、拘牟頭、分陀利、未曾有、永無、愚惑、縮聚、刀山、湯灰、火山、灰狗、荊棘、沸屎、劍樹、熱鐵丸。

又《大智度論》卷十六是以炭坑等八炎火地獄和頞浮陀等八寒冰地獄，當作十六個眷屬小地獄；還有《正法念處經》卷五以下〈地獄品〉說八大地獄各有不同的十六個附屬小地獄。

《長阿含經》是將寒冰地獄列爲十六小地獄之一，而《四阿含暮抄解》卷下則將十地獄當作是寒地獄。《觀佛三昧經》卷五亦與其他諸經論的說法不同。該經將地獄分爲阿鼻、寒、黑闇、小熱、刀輪、劍輪、火車、沸屎、鑊湯、灰河、鐵窟、鐵丸、尖石、飲銅等地獄，各地獄中有十八個區域。此外還有五百億劍林、刺林、銅柱、鐵機、鐵輞等地獄。

地獄形貌

在三個業海之內，就是大地獄。其實地獄有百千種類，並有各自的差別。而其中主要的大地獄，共有十八種，其次附屬的又有五百種，苦毒無量，再次有千百種，也是具有無量的痛苦，無法窮盡詳說。以下介紹主要的地獄概況。

由於地獄是相應於衆生的惡業而產生，而衆生的心念時時在變化著，因此地獄並沒有一定的數量，在此也僅能介紹地獄主體的情況。

⊙八熱地獄

八熱地獄，是指八種具有火熱痛苦的地獄，又稱爲八大地獄。

在《長阿含》卷十九《世記經》〈地獄品〉中說：

「佛告比丘：此四天下有八千天下圍繞其外，復有大海水，周匝圍繞八千天下，復有大金剛山，遶大海水。金剛山外，復有第二大金剛山。二山中間窈窈冥冥。日月神天有大威力，不能以光照及於彼。彼有八大地獄，其一地獄有十六小地獄。第一大地獄名想，第二名黑繩，第三名推壓，第四名叫喚，第五名大叫喚，第六名燒炙，第七名大燒炙，第八名無間。」

此八大地獄痛苦的情況，略如下述：

⑴等活地獄：又作想地獄。墮生此處的有情，手生鐵爪，互見時懷毒害想，以爪相摑。或因心意濁亂，摑裂自身，至血肉竭盡而死。然冷風一吹，皮肉還生，復受前苦。

⑵黑繩地獄：此獄獄卒，以熱鐵繩縱橫綑縛罪人之身，或斫或鋸。所受苦惱，十倍於前。

⑶衆合地獄：又作推壓地獄。諸鬼卒驅趕罪人入於兩鐵山間，罪人受兩鐵山之擠壓，肉骨碎裂。凡犯殺生、偷盜、邪淫罪者，墮生此獄。

⑷叫喚地獄：又作號叫地獄。或將罪人投熱鑊中煎煮；或將罪人驅入猛焰火室；或以鉗開罪人口，灌入滾熱的烊銅，燒爛五臟。

⑸大叫喚地獄：又作大叫地獄。此獄罪人所受之刑罰如前之叫喚地獄，其苦更甚於前。

(6)焦熱地獄：又稱燒炙、炎熱地獄。令罪人臥熱鐵上，由首至足，以大熱鐵棒打碎成肉糜。

(7)大焦熱地獄：又作大燒炙、極熱地獄。此獄罪人所受刑罰如前，其苦更甚於前。

(8)無間地獄：又作阿鼻地獄。此獄罪人所受之苦，無有間歇。凡犯五逆罪者，墮生此獄。

以上八大地獄，每一地獄又各有十六小地獄。罪業分上、中、下三品，凡犯上品罪業者，墮生大地獄。犯中、下品罪業者，墮生小地獄。根據《大毗婆沙論》卷一七二所記載，此八大地獄各有四門，於其四門各有煻煨增、屍糞增、鋒刃增、烈河增等四地獄，因此每個一大地獄有十六附屬的小地獄。

八熱地獄中，於等活地獄的有情，雙手皆生鐵爪，如同刀劍，極爲鋒利，而互相摧毀。於黑繩地獄中，獄卒以熾熱的鐵繩劃有情的身體，再以鐵斧或鋸子將其斫碎成百千段。於衆合地獄，獄卒將罪人引至兩石山之間壓擠，置於石上碾磨，再令其臥於鐵臼之上擣之。

八大地獄

而在叫喚、大叫喚兩地獄，有情則被放在大鑊中煮沸，或放在反覆燒烤。在焦熱、大焦熱兩個地獄，鐵城、鐵樓變成大火坑，燒炙有情。其次於無間地獄，有情的肢節中冒出火焰，煩惱永無斷止之日。上述各個地獄的苦惱，依次遞增十倍，越至後面，苦惱越多。

此外，《大毗婆沙論》卷一七二中說，八熱地獄的每一個地獄裏，都有四個門，四門皆有「四增」，也就是四種最可怕的刑罰。最初的煻煨增之中，充滿煻煨，沒及有情的膝部，使其皮肉焦爛；其次的屍糞增中，充滿屍糞泥，泥中有蟲，咬破有情之骨而食其髓；其次的鋒刃增中，有刀刃路、劍葉林、鐵刺林、斬刺有情的肢體，任鳥獸食其皮肉、眼睛、心肝；其次的烈河增中，有滾熱鹹水，有情沈沒於其中，骨肉糜爛。

⊙八寒地獄

八寒地獄，又作八寒捺落迦。依《俱舍論》卷十一所說，南閻浮洲底下五百由旬處，在八熱地獄旁，有八種寒冰地獄。其中有情受嚴寒所逼迫，連痛苦呻吟的聲音都因爲寒冷而變調。

關於八寒地獄之名稱及解釋，諸經論所說都不盡相同，如：如果依《俱舍論》、《順正理論》、《顯宗論》、《瑜伽師地論》等所說，則爲：

1.頞部陀：這是指受罪衆生因嚴寒所逼，皮肉皰起。

2.尼剌部陀：指受罪衆生受寒苦所逼，皰即破裂。

3.頞哳吒：指受罪衆生因寒苦而唇不能動，僅能於舌中作此聲。

4.臛臛婆：指受罪衆生受寒苦所逼，舌不能動，只能作此臛臛聲。

5.虎虎婆：指受罪衆生因寒苦所逼而口中作此聲。

6.嗢鉢羅：嗢鉢羅是指青蓮華，這是指受罪衆生因寒苦所逼，凍成青色，皮肉破裂，就像一瓣一瓣的青蓮華一樣。

7.鉢特摩：鉢特摩是紅蓮華，這是指受罪衆生因寒苦而皮肉分裂，狀似紅蓮華。

8.摩鉢摩：摩鉢摩是大紅蓮華，這是指受罪衆生全身凍裂變紅，狀似大紅蓮華。

此外，在《涅槃經》卷十〈現病品〉中則說八寒地獄分別是：阿波波、阿吒吒、阿羅羅、阿婆婆、優鉢羅、波頭摩、拘物頭、分陀利地獄。前四者是依因寒苦而發之聲而立名，後四者則是以四種蓮華形容受罪衆生身體凍裂之相，且以之立名。

⊙衆合地獄

衆合地獄爲八熱地獄之一，此地獄以兩山自然聚合，堆壓罪人之身而得名。按，「衆合」之梵語爲僧乾（saṃghāta），意譯又作「堆壓」、「聚磕」、「會合」，或「合」。

依《長阿含經》卷十九〈地獄品〉所記載，衆合地獄中有大石山，兩兩相對。罪人入於其中，兩山自然聚合，堆壓其身，使之骨肉粉碎。其後，兩山還復原處。接著又有大鐵象，全身發火，呼叫咆哮，衝過來蹴踏罪人，使其身體糜碎，流出膿血。接著又有獄卒捉罪人置於磨石中，以磨磨之；或有獄卒捉起罪人，使其臥於大石上，以大石壓之；或令罪人臥於鐵臼中，以鐵杵擣之，令其皮肉糜碎，膿血流出，苦痛辛酸，萬毒並至。在罪業尚未完畢之前，雖然受到極大的苦楚，罪人還是不會死。

在《立世阿毗曇論》卷八記載著，會到衆活地獄的衆生業因爲：「昔在人中，以竹笪覆人，牽象踐蹋，或鬥戰時，作諸壓車以磕於人，又懸機石縋下殺人，復於嶮路作諸機熌陷殺衆生。」由以上可以發覺，受到此等果報者，多是以種種陷阱或是武器傷害衆生。

又，《正法念處經》卷六以行殺生、偷盜、邪行等三不善業而墮此獄中，且其業有上中下之別。上者墮入根本合大地獄，受鐵炎嘴鷲大苦。中下者墮入大量受苦惱處、割刳處、脈脈斷處、惡見處、團處、多苦惱處、忍苦處、朱誅朱誅處、何何奚處、淚火出處、一切根滅處、無彼岸受苦處、鉢頭摩處、大鉢頭摩處、火盆處、鐵火末處等十六別處，受大苦惱。

⊙火車地獄

火車地獄，顧名思義，就是以火車轢殺罪人的地獄。這個火車不是人間的火車，而是指車身有火燃燒，運載罪人至地獄，或作爲懲罰罪人之工具的車子。在《增一阿含經》卷四十中說：「設罪多者當入地獄，刀山劍樹，火車爐炭，呑飲融銅。」《大智度論》卷十四記載著，佛陀的堂弟提婆達多，提婆達多因爲犯了三逆重罪，不但不知懺悔，更想出毒計，欲以毒筷傷佛。由於這種極重的罪業，使得他在往王舍城途中，地面自然裂開，火車來迎，生入地獄。

根據《觀佛三昧海經》卷五所記載，火車地獄有一個大銅鑊，縱廣四十由旬，其中盛滿火，下方有十二輪，上方有九十四火輪，誑惑邪命作惡者，氣絕命終之後，在火車上肢節燃火，身體燋散。被獄卒呼喚之後，應聲還活。此時火車來回輾壓其身十八次，使其身碎如塵，天空降下滾熱沸騰的銅汁如雨，遍灑罪人身體，其人又還復活，如是往返，一日一夜受九十億次生死。

⊙刀輪地獄

刀輪地獄，指用刀山、刀輪處罰罪人的地獄。這是生前樂見他人苦惱，殺害衆生者所生之處。據《觀佛三昧海經》卷五所說，這個地獄四面皆山，不但山間刀積如塼，而且虛空中也有八百萬億大刀輪如雨滴下。

據說這些罪人臨命終時，會先患逆氣病，煩悶滿心，如堅石積於心中一般。這時心中恨不得以利刀削之除去，於是獄卒就應其心念而來，拿著利刀，告訴病人可爲其割除重病。罪人聽了大爲歡喜，就在這一念命終時，立即投生於刀山之間。此時四山一時合攏而來，斬切其身。

接著獄卒又驅趕罪人，促令其登上刀山，未至山頂，罪人的足及胸已經鮮血淋漓，但是由於害怕獄卒的緣故，仍然匍匐登山。到了山頂之後，獄卒又以刀樹撲打其身，未死之際，又有鐵狗、鐵蟲來啃咬其身。接著又腳著鐵輪，從空中落下，重新再來一次。如是一日一夜，要受六十億生死。如此經過八千萬年，罪業消滅，才得以轉入畜生道。當五百世畜生之後，再受卑賤人身五百世，這時才開始有機緣得遇善知識，發心修行。

⊙阿鼻地獄

阿鼻地獄（梵名avīci）就是我們常聽到的「無間地獄」，爲八熱地獄之一。

《觀佛三昧海經》卷五〈觀佛心品〉中說：「云何名阿鼻地獄？阿言無，鼻言遮；阿言無，鼻言救；阿言無間，鼻言無動；阿言極熱，鼻言極惱；阿言不閑，鼻言不住。不閑不住，名阿鼻地獄。阿言大火，鼻言猛熱，猛火入心，名阿鼻地獄。」這個地獄乃是八熱地獄中苦惱最甚者，犯五逆罪及謗法者，即墮此極苦最惡的大地獄。

根據《大樓炭經》卷二〈泥梨品〉所記載，墮此阿鼻地獄的罪，眼但見惡色，耳但聞惡聲，口所食但得惡味，鼻所聞唯是惡臭，意所念唯是惡法，且有火燄自東、西、南、北、上、下等六面而來，燒炙於人，連彈指那麼短暫的快樂都沒有。

無間地獄有五種無間，在《翻譯名義集》卷二舉出趣果無間、受苦無間、時間無間、命無間及空間無間等五無間

⑴趣果無間，是指造下五逆重罪者，命終之後立即生於此處。

⑵受苦無間，中間完全無任何樂受故。

⑶時間無間，在一劫那麼長的時間中，相續不斷地受苦，而罪人也感覺到時間無間。

阿鼻地獄

苦。

(4)命無間，在受苦的期間，罪人不會死亡，一直到罪業消盡爲止。

(5)形無間，指空間無間，無論多大或多小的空間，罪人都感覺只有自己在受苦。

阿鼻地獄的情況如何呢？《觀佛三昧海經》〈觀佛心品〉中說：「阿鼻地獄縱廣正等八千由旬，七重鐵城，七層鐵網。下十八隔，周匝七重，皆是刀林。（中略）一一隔間有八萬四千鐵蟒大蛇，吐毒吐火。（中略）此城苦事八萬億千，苦中苦者集在此城。五百億蟲，蟲八萬四千嘴，嘴頭火流如雨而下，滿阿鼻城。此蟲下時，阿鼻猛火其燄大熾，赤光火燄照八萬四千由旬。」由於其中的景象，阿鼻地獄又稱爲八萬地獄。

除了以上的所說的地獄之外，在《地藏菩薩本願經》中，普賢菩薩爲了警示惡性衆生，使其不再爲惡，而請地藏菩薩宣說更多地獄的相狀。地藏菩薩告訴大衆：

在閻浮提東方有一座山稱爲鐵圍山，這座山十分的黑邃，沒有日月的光明，其中有一座大地獄名爲極無間地獄，又有地獄名爲大阿鼻地獄，又有地獄名爲四角地獄，又有地獄名爲飛刀地獄，又有地獄名爲火箭地獄，又有地獄名爲夾山地獄，又有地獄名爲通槍地獄。

又有地獄名爲鐵車地獄，又有地獄名爲鐵床地獄，又有地獄名爲鐵牛地獄，又有地獄名爲鐵衣地獄，又有地獄名爲千刃地獄，又有地獄名爲鐵驢地獄，又有地獄名爲洋銅地獄，又有地獄名爲抱柱地獄，又有地獄名爲流火地獄，又有地獄名爲耕舌地獄，又有地獄名爲介首地獄，又有地獄名爲燒腳地獄，又有地獄名爲啗眼地獄，又有地獄名爲鐵丸地獄，又有地獄名爲諍論地獄，又有地獄名爲鐵鈇地獄，又有地獄名爲多瞋地獄。

地藏告訴大衆，在鐵圍山之內有這種種的地獄，其數無限，更有叫地獄、拔舌地獄、糞尿地獄、銅鎖地獄、火象地獄、火狗地獄、火馬地獄、火牛地獄、火山地獄、火石地獄、火床地獄、火梁地獄、火鷹地獄、鋸牙地獄、剝皮地獄、飲血地獄、燒手地獄、燒腳地獄、倒刺地獄、火屋地獄、鐵屋地獄、火狼地獄，如此等等的地獄，這些地獄又各自擁有各種小地獄，或一座或二座、或三座或四座、乃至於百千座，其中的名號各各不同。

而這些地獄的刑罰，有些地獄，是取下罪人的舌頭，驅使牛來耕犁，有的地獄，則是取下罪人心，讓夜叉吃食，有的地獄，則用盛著沸湯的大鑊，來熬煮罪人的身體，有的地獄，則用赤燒銅柱，驅使罪人來抱持，有的地獄，是用各種火燄焚燒，來焚燒罪人。

有的地獄，則一向寒水積滿，有的地獄，有無限的糞尿，有的地獄，是純用飛疾梨傷人，有的地獄，擁有許多的鞫火槍，有的地獄，唯有撞擊罪人的胸背，有的地獄，只是一直焚燒手足，有的地獄，用鐵蛇盤繳，有的地獄，驅逐鐵狗，有的地獄，盡是駕著鐵騾。

這種種的果報，各各地獄中，都有百千種業道的刑器，但大都以銅、鐵、石、火爲主，這四種物品，都是由大衆業行所感，如果廣說地獄的各種罪相，一一的地獄中，更有百千種痛苦，何況是許許多多的地獄呢！以上只是略說，如果廣大解說的話，那麼是窮劫也說不盡的。

這些地獄都是因爲受到行惡衆生的業力感應，而現起如是的境界，這些業力非常廣大堅固，能敵過須彌大山，能深過廣大的巨海，能障礙聖道。

所以，衆生千萬不要輕視小惡，以爲無罪，不知道死後實有果報，纖毫都會受報的，這時，就是父子、夫妻等最親愛的人，也是歧路各別，縱然相逢，也是無法代受。

地藏菩薩宣說這些地獄的情況，是爲了讓後世末法一切惡行的衆生，在聽聞地獄的恐怖相狀之後，除了不再止惡行善之外，還能皈依佛法，解脫輪迴。

什麼樣的人會到地獄去？

地獄是極惡之地，一般人是不會到地獄去的。會到地獄者，一是由於因爲業力的關係，由惡業引入地獄，一是由於諸佛菩薩或聖者乃至自身的威神力所加被而到達，否則的話，一般人是不可能到地獄去的。

使衆生墮入地獄的不善業，雖然有許多種類，但是概括而言，是以十惡、五逆、謗法爲主。依據《正法念處經》所記載，等活地獄是犯殺生罪者墮入的地方；黑繩地獄是犯殺生、偷盜二罪者墮入的地方；以下至大焦熱地獄，是犯邪淫、飲酒、妄語、邪見、非梵行等罪者墮入的地方。依罪行的深淺分別墮入各地獄；無間地獄是五逆罪（殺母、殺父、殺阿羅漢、破和合僧、出佛身血）者墮入的地方。

《增一阿含經》卷三十六也載有同於上述的八熱地獄的業因，依次爲：⑴毀正見、誹謗正法及遠離正法者。⑵好殺生者。⑶屠殺牛、羊等類者。⑷盜取他物者。⑸常淫佚妄語者。⑹傳播謠言及求人方便者。⑺令彼、此鬥爭及貪著他物者。⑻殺害父母、破壞神寺、鬥亂聖衆、誹謗聖人、習於倒邪之見者。又罪業分爲三種，上品之罪者，墮入大地獄。中、下品之罪者墮入眷屬地獄。在大地獄受苦後，若業報未能盡時，更於眷屬地獄受苦。故十六眷屬地獄又稱為十六增。

據《俱舍論》卷十八載，墮入阿鼻地獄的罪不是只有無間罪，其他還有與其同類的惡業，如污母及阿羅漢、殺害住定的菩薩及有學的聖者、破壞僧衆的和合緣及佛塔等罪。墮入八寒地獄者的業因，是犯了誹謗聖賢的罪。關於孤地獄的業因，可依據上述的業因推知。《業報差別經》、《轉輪五道罪福報應經》、《泥仙經》、《辯意長者子經》、《罪業應報教化地獄經》等，也載有墮入地獄的業因。

除了極惡之人，有些是依佛菩薩的加持，或是自身的神通而到地獄。

像地藏菩薩往昔本生曾為孝女，她的母親生前常心懷邪見，時常譏毀三寶，假如暫時起信，卻又馬上生起不敬的念頭。母親往生之後，她為了得知母親往生後的去處，而為母親陳設供養，廣修福德，布施覺華定自在王如來的塔寺。

她至心向覺華定自在王如來祈請，希望能賜知亡母去處。因為她廣大的福德力，至誠殷請，而得以親自地獄，鬼王告知她的母親確實曾生於此處，但由於聖女為其供佛的功德，使其得生天上。當時，不只孝女的母親得以解脫地獄的痛苦，生於天上，就是應當投生無間地獄的罪人，在當日，也都一起受樂解脫，同樣往生天上。

而地藏菩薩也因爲累世與地獄衆生結下的因緣，發起度化地獄惡性衆生的廣大悲願，成爲地獄受苦衆生的依怙。

一般人總是希望活得越久越好，但是對在地獄受苦的衆生而言，多活一天就是多受一天罪，他們反而希望早日能重新投胎。

地獄道衆生的壽命有多長呢？隨著不同地獄的衆生有不同的壽命。在八熱地獄中，從等活到焦熱六地獄的有情，都是以六欲天的壽量爲一日一夜，歲月的數量亦與其相同。大焦熱地獄是半中劫，無間地獄是一中劫。也就是說，等活地獄的衆生是壽命五百歲，而他們的一日一夜相當於四王天的壽五百歲。四王天的一日一夜又相當於人間的五十年。

等活以下至焦熱地獄的有情是壽一萬六千歲，其一日一夜相當於他化自在天的壽命一萬六千歲。他化自在天的一日一夜相當於人間的一千六百年。《正法念處經》、《俱舍論》等皆採用此種說法。《優婆塞戒經》卷七的說法也與此相同，是以六欲天的壽量爲準，不過其所用計數的方法不同。主張前六地獄是不定，後二地獄是決定。

關於八寒地獄，以頞部陀地獄的有情的壽量來看，是二十斛（佉梨）麻粒數的百倍，以下各地獄則依次爲前者的二十倍。此種說法出自《俱舍論》卷十一、《大智度論》卷十三。《瑜伽師地論》卷四的說法稍異，主張八寒地獄的壽量大約是八熱地獄的一半。

地獄眾生壽命一覽表

人間50年＝四天王天1天1夜
四天王天500年＝等活地獄1天1夜→等活地獄眾生壽命500歲
人間100年＝忉利天1天1夜
忉利天1000年＝黑繩地獄1天1夜→黑繩地獄眾生壽命1000歲
人間200年＝夜摩天1天1夜
夜摩天2000年＝眾合地獄1天1夜→眾合地獄眾生壽命2000歲
人間400年＝兜率天1天1夜
兜率天4000年＝號叫地獄1天1夜→號叫地獄眾生壽命4000歲
人間800年＝化樂天1天1夜
化樂天8000年＝大號叫地獄1天1夜→大號叫地獄眾生壽命8000歲
人間1600萬年＝他化天1天1夜
他化天16000年＝炎熱地獄1天1夜→炎熱地獄眾生壽命16000歲 極熱地獄眾生壽命半個中劫 無間地獄眾生壽命一個中劫

神秘的鬼界

談到地獄，很多人就會聯想到鬼神。

其實，佛教中的鬼，指的是餓鬼道衆生。

餓鬼（梵preta），音爲「閉多」。傳說鬼界由人間第一個死亡的人「閻魔」所統領，稱爲「閻魔王」。在《立世阿毗曇論》卷六中說：「云何鬼道名閉多？閻摩羅王名閉多故，其生與王同類，故名閉多。復說此道與餘道往還，善惡相通，故名閉多。」其中說「閉多」是人間第一個死亡的人，是開啓了劫初幽冥之路的閻魔王。因此，閻魔王界就成爲鬼類的主要住所。

很多人將有福德的鬼當成神明來崇仰，其實，很多人所崇祀的神明，在佛法中多是屬於鬼道的衆生，並非眞正的天神。

在前文談及天神時，我們可以發現，天神是極少來到人間的，因爲人類的身體相對於天人來講，太過粗重，體味也很重，因此他們並不喜歡到人間。西藏的大成就者密勒日巴祖師入滅時，許多天人到人間參加尊者的葬禮，卻因人類的氣味太重，實在忍不住摀住鼻子。

在《正法念處經》卷十六說，鬼有住在地底的，也有住在人間的：「餓鬼略有二種。（中略）一者人中住，二者住於餓鬼世界。」像有人半夜行走，遇見鬼類，就是住在人間的鬼。住在地底的鬼，則居住於這個閻浮提世界地底下五百由旬之處。

⊙鬼有哪些種類？

經論中記載著各種鬼類。像《大智度論》卷三十中說鬼可分爲「弊鬼」、「餓鬼」兩種。什麼是「弊鬼」呢？它們雖然享受如天人般的快樂，但是與餓鬼同住，爲餓鬼中的頭頭。而「餓鬼」則是我們常看到肚子大大的，但是咽喉細如針頭，全身只皮瘦得只剩下皮、筋、骨，幾百年連飲食之名都不曾聽聞，更何況吃食。

《大毗婆沙論》卷一七二則說有「有威德」、「無威德」二種鬼。有威德鬼住在花林果林等種種清淨美麗之處，享受各種福樂；無威德鬼則住在廁糞水坑等種種雜穢不淨處，福報淺薄貧窮。

餓鬼祈請佛陀救度

《瑜伽師地論》卷四則依飲食的型態將鬼類分為三種：

1.因為外在的障礙而無法飲食者：

這是有的人生前因為慳吝的習性很重而投生於鬼趣之中，經常感到飢渴而到處馳走。但是其所到的泉池，都有人手執刀杖守護，使其不得趣近飲食。即便是勉靠近，原本甘美的泉水也會剎那間變成膿血，無法飲用。

2.因為自身的障礙而無法飲食者：

此類的餓鬼有的嘴吧像針那麼細，有的頸部長了一個巨癭，肚子鼓脹，因此，就算飲食送到嘴邊，也無法食用。

3.飲食無有障礙者：

第三種鬼類，沒有前述的兩種障礙，但是它所飲食之物，只要食物一靠近嘴邊，就發出猛烈的炭火，讓它無法享用。像猛焰鬘餓鬼就是這種類型。或是另一種食糞穢餓鬼，只能飲食糞溺或極可厭惡之生熟臭穢之物，即使是得到香美的飲食，反而不能食用。

在《順正理論》卷三十一中，則將鬼類分為「無財」、「少財」、「多財」等三種鬼：

1.無財鬼：包括「炬口」、「鍼口」、「臭口」等三種餓鬼，這三種餓鬼者沒有食物可吃，經常陷於飢渴之苦。即使偶然獲得食物，要吃的時候，食物立即化作火焰，無法噉食。在農曆七月十五盂蘭節，舉行放焰口法會，就是以甘露來灑淨餓鬼的焰口，消滅餓鬼們口中的火，使他們能夠得以飽足。

2.少財鬼：包括「鍼毛」、「臭毛」、「癭」等三種餓鬼，專門食血、膿等。

3.多財鬼：包括「希祠」、「希棄」、「大勢」三種餓鬼，專門吃人們的殘物或布施之物。

在《正法念處經》中還舉出迦婆離、魔羅迦耶等三十六種餓鬼的名之名，並說明其業因業果之相。

什麼樣的人會投生爲鬼？

什麼樣的人會投生於餓鬼道呢？大部份的經論中都是說，生前多行慳貪、嫉妒者容易生於鬼趣。《十地經論》卷四，則主張作下品惡者當生於此趣。《業報差別經》則說得餓鬼報之業因有十種：

⑴身行輕惡業；⑵口行輕惡業；⑶意行輕惡業；⑷起多貪心；⑸起惡貪；⑹嫉妒；⑺邪見；⑻臨終愛著資生等享受之物；⑼因饑餓而死者；⑽因枯渴而死者。這十種衆生容易生於餓鬼道。

⊙鬼界的生活

鬼是怎麼出生的呢？在《雜阿毗曇心論》卷八中說：「餓鬼化生，亦有胎生。」也就是說鬼有化生及胎生兩種方式。關於鬼的身形，《法苑珠林》卷六中說，鬼極大者身長可至一由旬，最小則如小兒一般，或僅長三寸，約九十公分。

而鬼的壽命多長呢？《觀佛三昧經》中說，極長壽者有八萬四千歲，短者則不一定。《成實論》中則說極長壽者七萬歲，短者不定。《優婆塞戒經》卷七則說人間五十年（也有說五百年），相當於餓鬼道中一日一夜，其中極長壽者有一萬五千歲，相當於人間之二億七千萬餘歲。

為什麼投胎後會忘了上輩子的事？

人死亡後進入中陰的狀態，中陰是隔斷我們生死的中介，隔著中陰而轉換後投胎，我們就會不覺，沒有辦法記起中陰之前的種種事情、因緣，亦即忘記過去世的一切。這種情況稱為「隔陰之迷」。

隔陰的「陰」指的是中陰，中陰有幾種：有「生有中陰」——就是我們現前的識神，有「夢中中陰」——在作夢時的意識，又有「定中中陰」——是修定時的意識。最後就是一般常用的中陰義：「死有中陰」——亦即這一期生命死亡之後，下一期生命還未開始之前昏迷不覺的意識狀態。而解脫後就沒有中陰了。

從這一生到下一生有隔陰之迷。一般的凡夫或是修行比較不圓滿的下位菩薩，隔了這個中陰之後，到了下一世便會忘卻這一世的種種，這種現象也是保護我們生命，使我們不至於人格分裂、維繫人類文明社會秩序的保護機制。

試想，假如過去世我們是現在世父母的兄姐，或是我們現在世兄姐的兒女，甚至是家裏寵物的父母等千變萬化、甚至駭人聽聞的關係，我們如何自處呢？要如何好好扮演自己目前的角色，而不會精神分裂、矛盾痛苦，社會倫理關係要如何維繫起來而不紊亂呢？這恐怕是目前熱衷於追問前世今生者所必需深思的。

夜叉與羅剎

佛法中的鬼，除了如前所說的餓鬼道衆生之外，最常出現在小說中的恐怖鬼魅，應該是會吃人的夜叉。例如俗語形容兇惡的女人爲「母夜叉」就是一個生動的例子。

夜叉（梵文yaka），又作藥叉。意譯爲「捷疾」、「威德」等，他們是住在地上或空中的鬼類。

《大智度論》卷十二舉出：「地行」、「虛空」及「宮殿飛行」等三種夜叉。地行夜叉，常得種種歡樂、音樂、飲食等；虛空夜叉，具有大力，可以在空中像風一般快速行走；宮殿飛行夜叉，有種種娛樂及便身之物。

夜叉中有兇惡的夜叉，經常惱害人類，也有善良的夜叉，以威勢來守護正法、護持修行者。

惱害人的夜叉，經常變化作種種怪異的形貌來嚇人，有時頭很大、身體很瘦小，有時是全身變成青色或紅色，有時一頭兩面、三面、四面等，有時身上長滿粗毛，頭髮直豎像師子毛一般，或是斷頭，或是只有一目，牙呈鋸齒突出，或是粗脣下垂……等等怪異形貌，使人非常怖畏。

他們手中有時持矛戟和三歧戈，或是捉劍，或是捉鐵椎，或捉刀杖，經常揚聲大叫，使見者恐怖畏懼，生大驚懼，心意錯亂迷醉，夜叉則趁機食人精氣。而前述地獄中的夜叉更是恐怖。

這些夜叉眾由毘沙門天王所統領，負責守護忉利天等諸天及人間，受用種種歡樂，並具有威勢。在《大方等大集經》卷五十二〈毘沙門天王品〉記載，毘沙門天王有十六位夜叉大臣及五十位夜叉大將軍。當佛陀宣說《金光明最勝王經》時，毘沙門天王也帶領著三萬六千藥叉眾來參加法會。

除了惱害人的夜叉之外，也有守護佛法和行善者的夜叉。像著名的藥師十二藥叉神將，就是發願守護《藥師如來本願經》受持者。而在《陀羅尼集經》中也記載著，發願護衛念誦「般若波羅蜜」者的十六大藥叉將。

羅剎是一種和夜叉相近的鬼類，爲食肉的惡鬼，梵語的意思是「可畏」、「速疾鬼」、「守護者」。在《慧琳音義》說：「羅剎，此云惡鬼也。食人血肉，或飛空、或地行，捷疾可畏。」傳說男羅刹爲黑身、朱髮、綠眼，羅刹女則如絕美婦人，富有魅惑人的力量，專門食人血肉。

佛經還有關於「羅刹女國」的記載。根據《佛本行集經》、《大唐西域記》等資料中記載，佛經中所說的「羅刹女國」，指的就是錫蘭島（楞伽島）。這個傳說，應該是源自印度古代之史詩《羅摩衍那》。故事中的主人翁羅摩，他因愛妃悉達被羅刹鬼王所擄，而遠渡楞伽島（即今錫蘭島）討伐鬼王邏伐拏。此外，也有說是因爲南印度住民原有噉食人肉的風俗，而被稱爲「羅刹國」。

此外，如前所說，羅刹也是地獄裏的獄卒，守門負責懲罰罪人。

除了羅叉惡鬼之外，也有守護衆生、護持佛法的善羅刹，像《佛母大孔雀明王經》中的一髻羅刹女，常衛護處胎、初生，或已生的菩薩。《法華經》中的藍婆等十羅刹女，恆常守護持誦《法華經》者。

第六章　佛菩薩的淨土與極樂世界

在佛教的觀點中，最理想的世界是那裏呢？即使是一般人最嚮往的天堂，天福享盡了，最終還是要落入惡道受苦，周而復始的輪迴。佛菩薩的淨土，除了生活的一切享受超越天堂之外，也沒有天堂容易耽於逸樂的缺點，是理想的國家。

淨土——理想世界的實現

淨土，（梵buddha-kṣetra）是指佛菩薩清淨的國土，是即相應於諸佛因位之本願而成立的清淨莊嚴國土，是佛所居住之處，相對於世俗衆生所居的「穢土」，所以稱之爲「淨土」。像我們這個世界，之所以被稱爲「娑婆世界」，就是其他世界的衆生對我們能夠忍受這個惡劣世間的能力，感到十分佩服，而稱我們這個世界爲「堪忍」。

而「淨土」則是相對於「穢土」而有的，也是衆生心中理想國的實現。

如果從外相上來看，無論在國土的清淨莊嚴，還是衆生的形貌上，這兩個世界都有著極大的不同。

從自然環境來看，穢土是瓦礫山谷、雜穢混亂、貧脊不均、天候不定，不斷出生地獄、畜牲、惡鬼等三惡道；淨土則是土地平坦、清淨整潔、光明莊嚴，常是諸寶所成，物產自然富足、水質清香、綠樹華香、氣候溫和、沒有地獄、畜生、餓鬼等三惡道。

從國土的人民來看，穢土衆生身相短小雜陋、身體脆弱、病惱煩多、壽命短促、刑事多罪，相較之下，淨土衆生則是身形端麗、身體健康、絕諸病惱、壽命自在、無有刑罰。

整體而言，淨土是光明喜樂的幸福所在，而穢土卻充滿了種種痛苦煩惱；生活在淨土的人具足了種種福報，身心受用圓滿，而穢土衆生卻充滿了衆苦與不如意。

在心靈的傾向上，穢土的衆生貪、瞋、痴極重，而且時時增盛，對於佛法不樂聽聞，就是聽聞也不喜修道，只喜歡世間享樂的福報。所以愈到末世修行證果者愈來愈少。在淨土的人，自然貪、瞋、痴等煩惱極薄或已斷除，大家專心聞法，意樂求道，修持戒、定、慧三學，以證得阿羅漢等果報，乃至發心專求菩提勝行。

在社會制度上，穢土的衆生，大家爲了生活籌謀相互競爭不息，相互傾奪無有止息，結黨營私、政治不寧，自私自利，被慾念所制；在淨土之中則衣食自然具足，所以不必籌謀各種的經濟活動，大家共生共享、平等互助，不必有政治組織與活動，以佛爲導師，大衆以法和樂，自在安心的求道學法。

穢土從外在的事相到內在的心理與制度，都充滿了缺憾。經典中又將這種種特

	人間	淨土
自然環境	·瓦礫山谷、雜穢混亂 ·貧脊不均，氣候不定 ·不斷出生地獄、餓鬼、畜生等三惡道	·土地平坦，清潔整齊 ·常爲衆寶所成，光明莊嚴 ·物產豐饒，氣候宜人 ·沒有地獄、餓鬼、畜生等三惡道
人　　民	·身相短小雜陋 ·病惱煩多，壽命短暫 ·刑事多罪	·身形端麗 ·健康長壽 ·無有刑罰
社會制度	·爲生活競爭，相互傾奪 ·結黨營私，政治不寧	·衣食自然具足，不必擔心生活 ·大衆共生共享，平等互助，不必有政治組織 ·以佛爲導師，大衆以法和樂，自在安心求道學法。
心靈傾向	·貪、瞋、痴煩惱粗重，時時增盛 ·喜好世間享受，不喜修行	·貪、瞋、痴煩惱極輕微或已斷除 ·專心修行，意樂求道

淨土與人間的比較

質，總攝為所謂的「五濁惡世」，代表穢土遞相變壞的因緣。

這五濁分別是：

1.劫濁：是代表在這個惡世的時空因緣，充滿了饑饉、疾疫、刀兵等災難，表現出不斷敗壞的濁惡世間。

2.見濁：隨時時間的遷相變壞，衆生的邪見熾盛，對正法不能了知，不能信修佛法善道。

3.煩惱濁：衆生欲貪染、慳貪諍鬥，貪、瞋、痴三毒滋生，心神狂亂、煩惱增長不息。

4.衆生濁：身處在此土的衆生多行衆惡，不孝敬父母尊長，不畏懼惡業果報，不作功德，不修行戒、定、慧等三學。

5.命濁：衆生惡業增長，人壽短減、怪病叢生。

相對於穢土，淨土則是：

1.劫清淨：時空因緣清淨，佛力加持福德熾盛，衆樂滋長、遠離苦難。

2.見清淨：正法住世，正見教授不絕，正行一切殊勝善道。

3.心清淨：煩惱日薄，正斷貪、瞋、痴三毒，心神安住，三昧禪定自然增長。

4.衆生清淨：諸惡不作、衆善衆行，孝養尊長，禮敬佛菩薩，正信因果，善修功德，戒、定、慧三學相續修習不斷。

5.命清淨：佛力加持及自身福報，使壽命自在，勤修佛法，現證佛道。

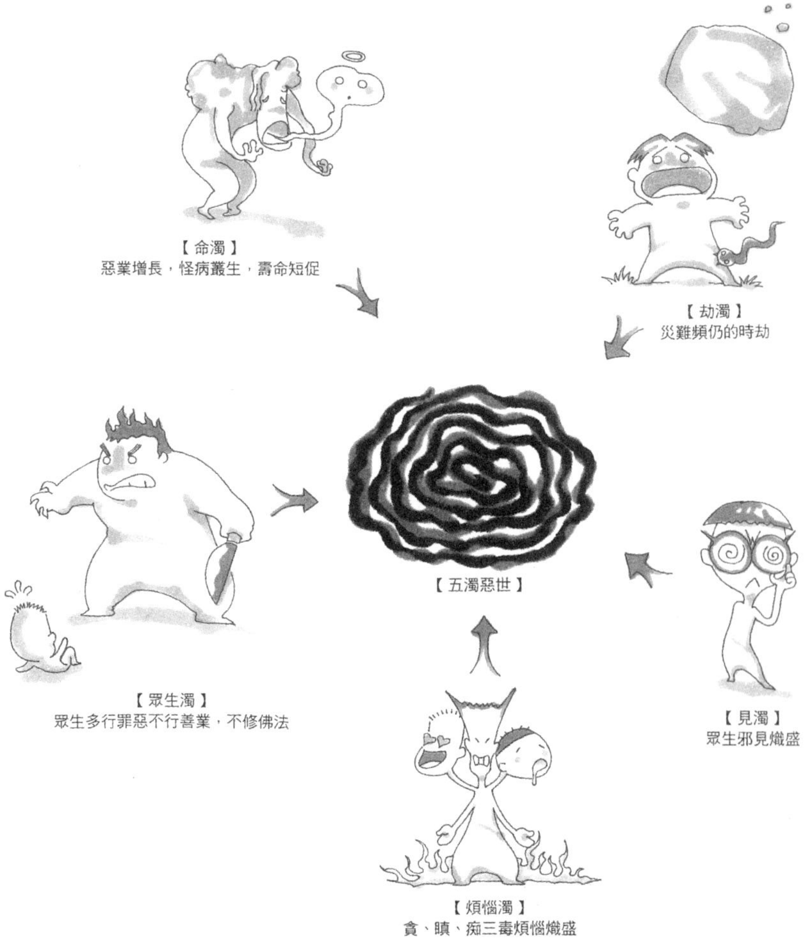
【命濁】
惡業增長，怪病叢生，壽命短促
【劫濁】
災難頻仍的時劫
【五濁惡世】
【眾生濁】
眾生多行罪惡不行善業，不修佛法
【見濁】
眾生邪見熾盛
【煩惱濁】
貪、瞋、痴三毒煩惱熾盛

五濁惡世

淨土有那些種類？

在佛教宇宙觀中，認爲宇宙中有無數無量的淨土。我們可以從不同的分類來認識淨土。如果用空間方位來分的話，可以有十方的淨土：東方、西方、南方、北方、上方、下方等十方，其淨土數是無量無邊的。而且方位亦非固定不變的，如果以其中任何一個淨土爲中心的話，其亦有十方的淨土。

例如，我們到達東方淨土，可能原來的中心就成了西方。如果我們到達了東方國土的極致，那麼原來的西方還是西方嗎？這是不盡然的。宇宙是會轉動的，方位是不定的。就目前我們世界而言，東方即是阿閦佛國土，西方是彌陀淨土，南方是寶生佛國土等等十方世界。

如果就時間上來分，則有三世的淨土，有過去、現在、未來的淨土。像極樂世界即是現在的淨土，而燃燈佛的淨土則是過去佛的淨土，而極樂世界未來的淨土是觀世音菩薩成佛時的淨土，名爲衆寶世界，未來彌勒菩薩在人間成佛的人間淨土，也是未來淨土。這是依過去、現在、未來三世的淨土。

如果依照往生的衆生種類來看，則可分爲四種淨土，稱爲「四土」。它們分別是：

1.五乘共佛土：人、天、聲聞、緣覺與菩薩等五類有情居住的佛土。
2.三乘共佛土：只有聲聞、緣覺、菩薩三種有情居住的佛土。
3.菩薩不共佛土：只有菩薩居住的佛土。
4.佛不共佛土：只有諸佛居住的佛土。

除了以上的分類外，如果從淨土成立的因緣、安住的處所、地形、構成物質等，都有種種不同的分類。在《華嚴經》〈世界成就品〉中，講到世界形成的各種因緣，淨土的分類也可以依照這個原則來分類：

如果依安住之處來分類的話，有的世界依虛空而住，有的依一切衆寶的光明而住，有的依於佛陀的光明而住，有的依於諸佛的音聲而住，有的依一切菩薩的身體而住的。

如果依國土的形狀來分的話，有圓形，有方形，有不是圓也不是方的，有如水漩形，有像山焰形，有如華形，有如佛形等等。

如果依國土中諸佛的現起來分，則有的國土佛現小身，有的現大身，有的現短壽，有的現長壽，有的只顯示一乘之法，有顯示不可思議諸乘之法，有的調伏少分衆生等等。

如果依世界存在時間的長短來分的話，有的世界可存在無邊劫，有的可存在阿僧祇劫，長短不同。

如果依世界變化的差別來分，有的世界因爲其中的衆生都是修學廣大福報的緣故，世界海由污染劫轉變爲清淨劫，有的世界因爲有無量衆生發菩提心的緣故，世界海轉爲純清淨劫等等的轉變。

佛陀爲什麼傳授淨土法門？

在佛陀時代的印度，並不和平寧各國相互征戰侵略，風雨飄搖。像佛陀的祖國家就受到很大的挑戰，最後整個國族也被消滅了。佛陀曾經以和平的手段阻止國家被消滅，但阻止了三次，終究是沒有成功。

當時各個國家很多彼此之間亦常攻伐，在這樣的環境常會蘊育出厭離世間的思想，期望完全平等和平的境界、國土，讓我們身心安住、衣食無憂的境界，所以佛陀相應這個因緣而宣說了理想國土的法門。

這個理想國土大多包含了依報和正報二者。所謂依報是指環境，是依憑的國土、大地，不會有地震、火災等等天災，也不會有牢獄、黑森林，也不會讓我們在不知不覺中被損害，不會有野獸來傷害我們，可以赤足地踏在土地上，不會被任何東西刺到，不會溺水、跌倒、受傷等等。正報是指理想國土的圓滿法王，能幫助我們的心靈、身體能完全的清淨、安寧、康樂。

因此佛陀所說皆是有因有緣而說的，佛陀會宣說淨土法門，是相應於時代的需求，佛陀有全觀的智慧，有全面的慈悲，而給予那個時代的人最好的資助、最恰當的教法。淨土的教法也是如此，所以佛陀指示淨土法門是給予厭離此土的衆生一個廣大的希望。指出了十方世界中除了釋迦牟尼佛所住穢土之外，還有其他的淨土存在。

其實，在這個時代釋迦牟尼佛也有他自己的淨土，但是這淨土不是一般人能住的，因爲因緣的關係，要大成就者才能居住，這對於一般衆生是很困難的，所以他爲大家宣講了三根普被的極樂世界。這極樂世界的阿彌陀佛與人間特別有因緣，我們依據彌陀的願力能殊勝往生，所以極樂淨土就漸漸普遍起來。除了極樂淨土之外，十方世界都有淨土，但是彌陀淨土會被特別發揚出來是有其因緣的。

什麼是「西方極樂世界」？

在這麼多的淨土中，一般人最熟知的，要算是西方極樂世界了。西方極樂世界是阿彌陀佛的淨土。爲什麼釋迦牟尼佛會特別介紹這個淨土呢？在佛陀當時的印度，除了國家與國家之間的征戰外，即使是國家內部也有政變。當時的摩揭陀國，就發生了一件人倫慘劇——摩揭陀國的太子阿闍世受到惡友提婆達多的教唆，竟然將自己的父親頻毘娑羅王囚禁在七重的牢獄中，嚴密監視，並且不供給他食物，打算將他活活餓死，以便自己早日登基。

頻毘娑羅王的王妃，也就是阿闍世王的母親韋提希夫人，就將蜂蜜偷偷地塗在皮膚上，並在將葡萄汁裝在耳環裏，利用探監的機會，送給頻毘娑羅王吃。他因此並沒有餓死。頻毘娑羅王是虔敬的佛弟子，當他遇到這種人倫的慘劇，他並不怨天尤人，只是每日在監牢裏，遙向佛陀所在的靈鷲山頂禮祈請，祈願佛陀慈悲加護。佛陀了知他的心意，於是派遣神通第一的聖弟子目犍連尊者，從靈鷲山飛往國王被囚禁的監牢裏，爲其說法。負責監視的守衛也不敢阻攔他。

頻毘娑羅王每日在牢獄中，潛心修行。有這種逆子，讓他更加感受到人生的苦迫與無常。雖然每天只靠著王后偷偷帶進來的一些食物維持生命，但是他的身心卻因爲安住在修行而煥發出神采。

阿闍世太子等了一段時間，覺得很奇怪，爲什麼父王還沒死？這才發現是自己的母后偷偷送食物進去。阿闍世太子盛怒之下，原本要殺了她，卻被忠臣所勸諫阻止。但是韋提希夫人也因此被幽禁在深宮，再也不能送食物給國王了。

韋提希夫人被幽禁之後，非常悲傷痛苦，她不知自己爲何會有這種逆子。她朝著靈鷲山的方向，遙向佛陀頂禮，她不敢驚擾佛陀，只在心中向佛陀祈請，能讓阿難尊者或目犍連尊者來看她。

佛陀了知她的心意，於是派遣阿難尊者及目犍連尊者，以神通力從靈鷲山飛到韋提希夫人被囚禁的深宮，而佛陀則以神足通，從靈鷲山消失，出現在王宮裏。

當韋提希夫人頂禮起身之際，竟然看到佛陀安坐在百寶蓮華上，目犍連尊者侍立在左方，阿難尊者侍立在右方。

傷心欲絕的韋提希，一見到佛陀，無限悲憤湧上心頭，她扯斷了自己的瓔珞、天冠，全身投地，向佛陀哭喊著，自己到底是造了什麼孽，爲什麼會生下這種惡子？她對這個世間充滿了失望，祈請佛陀告訴她一個無憂無惱之處，不會有這種種惡人。

佛陀爲她化現十方無數的淨土，而韋提希夫人選擇了極樂世界，於是佛陀就爲她宣說往生極樂淨土的因緣，及現觀極樂世界成就的法門，這也就是淨土法門中著名的《十六觀經》。

◉阿彌陀佛的淨土

極樂世界是由阿彌陀佛所建立的淨土，阿彌陀佛的梵名amita-buddha，具有「無量光」、「無量壽」的意義。

爲什麼阿彌陀佛會有這個名號呢？在《阿彌陀佛經》中說：「彼佛何故號阿彌陀？舍利弗，彼佛光明無量，照十方國無所障礙，是故號阿彌陀。又舍利弗，彼佛壽命及其人民爲無量無邊阿僧祇劫，故名阿彌陀。」從經中的描寫可知，因爲阿彌陀佛光明無量，而且其國土的衆生壽命也無量的緣故，而被稱爲阿彌陀佛。

而在《大寶積經》〈無量壽如來會〉中則說，阿彌陀佛還有其他名號：「無量壽佛復有異名，謂無量光、無邊光、無著光、無礙光、光照王端嚴光、愛光、喜光、可觀光、不思議光、無等光、不可稱量光、映蔽日光、映蔽月光、掩奪日月光。」從這些名號中，可以看出阿彌陀佛的光明無量無邊，廣大無邊，無法稱量，甚於日月之光，而且無比莊嚴，衆生見即歡喜。

⊙阿彌陀佛的形像

在《觀無量壽經》的十六觀裏，其中的一個觀想即是觀無量壽佛，經文中描寫阿彌陀身相：「無量壽佛身，如百千萬億夜摩天閻浮壇金色，佛身高六十萬億那由他恆河沙由旬，眉間白毫，右旋宛轉，如五須彌山，佛眼如四大海水，青白分明，身諸毛孔，演出光明，如須彌山。」經中描寫阿彌陀佛的佛身爲金色，他的身形非常巨大，即使眉間的微細的白毫，都有五座須彌山那麼大。

阿彌陀佛身上所發出的圓光，範圍如百億個三千大千世界那麼大，而在圓光中還有百億那由他化佛，一一化佛身邊還有無數化菩薩爲其侍者。

西方極樂世界教主阿彌陀佛（中）

經中又說，阿彌陀佛有八萬四千種相好，一一相好中，又各有八萬四千隨形好，而每一相好中，又有八萬四千光明，一一光明，遍照十方世界念佛的衆生，攝取不捨。阿彌陀佛的光相好及光明中的無數化佛、菩薩，難以一一具說。

而我們一般所看見的阿彌陀佛形像，大多是金剛結跏端身正座的座姿，手結定印，即左手仰掌放於臍上的位置，右手仰掌重疊於左手上，兩手之大拇指頭稍微相對貼合，輕置於盤起的腿上。這樣的手印稱爲「法界定印」，是阿彌陀佛常見的手印，能止息一切妄念，使心思安住專一，入於三昧大樂。

如果是立像的阿彌陀佛造像，大多是手作接引印，接引行者。有時其右邊會侍立著觀音菩薩，左邊大勢至菩薩，此三尊被稱爲「西方三聖」。

觀音菩薩與大勢至菩薩，是在極樂世界輔助阿彌陀佛教化的兩位大士，也在這個娑婆世界大悲救度，並且輔翼彌陀，讓衆生能清淨發願往生極樂淨土，在臨命終時他們亦會前來接引淨土行人。

極樂世界的時空位置

極樂世界在那裏呢？在《阿彌陀經》中記載：「從此西方過十萬億佛土，有世界名為極樂。」，極樂世界的位置，是在這個太陽系往西去十萬億個佛土那麼遠的地方。這樣看來，極樂世界是一個不可思議、極為遙遠的外太空世界。

雖然恆星也會移動；但是移動的速度極為緩慢，我們所以現在可大約用太陽的西方去推算。由太陽往西方經過十萬億佛土，就是極樂世界。

這麼遠的距離，怎麼可能到達呢？這是不必擔心的，經典中說，我們在心念中具足無量的願力，而且足因緣時，一念就直接到了，而不是透過物質的空間。

如果用實有的空間的話，要多久才能到達呢？十萬億乘以十億個太陽系，大概要千百億年之後才能到達，事實上是不太可能的。但是由於心靈造成絕對的速度，所以一念就能超越無限的物質空間，這是佛法心物一如的宇宙觀。

在經典中，佛陀慈悲的為我們介紹這個與娑婆世界特別有緣、法緣特別殊勝的極樂淨土。現在我們就來看它的各項莊嚴殊勝，並了解阿彌陀佛為衆生而立淨土的悲心。

搭太空船可以到極樂世界嗎？

經典中說，極樂世界是從此西去十萬億佛土的地方。西去，不是指在地球上往西方去，而是依目前的恆星系統（恆星雖然會轉動，但轉動得較慢），是依我們現在肉眼觀察得到的宇宙觀，向西方而去的極樂世界。

地球和極樂世界的距離，是十萬億再乘以十億個太陽系的地方。如果我們開著太空船跑去，也看不到極樂世界，因為極樂世界的淨土和我們的頻率不同，即使在同一個空間，也無法看到極樂世界。必須依照阿彌陀的願力和法門，如實修行才能趣入。這就好像要照著阿彌陀佛給我們的操作手冊，依著步驟進行，才能順利打開通道。另一個問題是，坐太空船去極樂世界，路途非常遙遠，其實我們和極樂世界有一條捷徑，阿彌陀佛教我們從自心尋找，只要當下與阿彌陀佛的願力和慈悲相應，一個意念剎那就到了。

⊙七寶所成的世界

極樂世界的整個構成物質，是由：金、銀、琉璃、珊瑚、琥珀、硨磲、瑪瑙等七寶所構成。這七寶構成極樂世界所有的物質世界，無論是大地寶池、樓閣宮殿，到寶樹間的羅網，所有硬體設施都是七寶所造，閃耀著動人的光芒。

在《觀無量壽經》形容極樂世界的七寶大地：「恢廓曠蕩，不可限極，悉相雜廁，轉相間入，光赫煜爍，微妙奇麗，清淨莊嚴，超踰十方一切世界，眾寶中精，其寶猶如第六天寶。」極樂世界的大地是如此的微妙奇麗，而且一片平坦無染，沒有須彌山、金剛鐵圍、一切高低不平的諸山，也沒有大海、小海、谿渠、井谷。但是如果是從地球移民到移民彼國的人，有時會患思鄉病，想看看故鄉熟悉的景色，這時阿彌陀佛也會體貼的以神力變現。

極樂世界裏沒有地獄、餓鬼、畜生等三惡道，也沒有嚴寒、酷暑等四季的氣候變化，這是爲了避免眾生因氣候不調和而生病，所以淨土裏的氣候永遠不寒不熱，清爽怡人。

⊙暢演妙音的極樂寶樹

而淨土中的樹木，同樣也是七寶所成，周滿整個極樂世界。這些樹有金樹、銀樹、琉璃樹、玻璃樹、珊瑚樹、瑪瑙樹、硨磲樹，或是有兩種、三種，甚至七種寶物綜合而成的寶樹。或是樹幹、枝葉、果實各有這些七寶來形成，例如金樹銀葉華果、銀樹金葉華果、琉璃樹玻璃葉華果等等組合。

有的寶樹是紫金爲本，白銀爲莖，琉璃爲枝，水精爲條，珊瑚爲葉，瑪瑙爲華，硨磲爲果實。有的寶樹是硨磲爲本，紫金爲莖，白銀爲枝，琉璃爲條，水精爲葉，珊瑚爲華，瑪瑙爲實，等等各具七寶的形式。這些寶樹枝、葉、莖都能相順相當而不雜亂相斥，彼此光芒相映射，當清風徐來時，就會發出自然相合的樂聲。

在阿彌陀佛的主要道場中，有所謂的道場樹。這些樹高四百萬里，它的樹幹圓周有五十由旬，枝葉四布有二十萬里，也是一切衆寶自然合成。有月光珠、持海輪寶來莊嚴裝飾，各支條周遍滿布，垂有諸寶瓔珞，並閃著百千萬色，變化種種花樣，光芒四射，照耀無限。其上又有珍妙寶網羅布覆蓋，甚至一切種種莊嚴都能隨著衆生的需要而顯現。當國土中微風吹動這些寶樹時，便能奏出無量妙法音聲，這些妙音能傳遍整個極樂世界。

當淨土中的居民聽聞這寶樹妙音，就能證得深法忍，安住於不退轉的境界。他們的眼睛看到道場樹，耳聞其音，鼻知其香，舌嚐其味，身觸其光，心以法緣，都得甚深法忍，住不退轉，至成佛道，而且六根清徹，沒有種種煩惱過患。

淨土中七寶樹之任何一種音聲，皆超過世間天上的種種樂千萬億的。而最重要的，這些樂聲都是清淨和暢的法音，微妙和合雅緻，不但是十方世界音聲之中，最為第一者，更能讓人生起憶念諸法實相之心，不會耽溺於享樂。

這世界的講堂、精舍、宮殿、樓觀，皆是七寶所莊嚴自然和合化成的。這些宮舍上面覆蓋有眞珠、明月珠等衆寶所成的幔幕。

⊙開神暢體的泡澡設施

淨土中內外左右有許多浴池，有的十由旬，有的二十、三十乃至百千由旬，池中有八功德水，水湛然盈滿，清淨香潔，

什麼是八功德水呢？就是具有：質輕、冷冽、柔軟、甘美、清淨、不臭，飲用時調適，飲後身無患等八種功德。而且一般水只有止渴的功效，但八功德水則能療飢，能長養內外身心。

極樂世界的浴池也是七寶所成，有黃金池者，池底是白銀沙。珊瑚池者，池底

有琥珀沙等等不同組合。甚至有的是三寶、三寶乃至七寶互相組合而成。

浴池岸邊有栴檀樹，花、葉垂布，香氣熏人，池上有蓮花，大如車輪，有青蓮花閃動青色光，黃蓮花有黃光，紅蓮花有紅光，白蓮花閃動白光，光色互動，香氣撲人。

而池中的還會依照使用者的心意，自動調整水位，如果要使水淹到足部，水即淹至足部，如果希望水升至膝頭，水即到膝位。想要水到腰部，水則到腰部，甚至想要淋浴，水就自動淋灌，如果要變成原先泡澡的方式，水也會自己調整。而且水的溫度則隨使用者的心意，能使人開神悅體，蕩除心垢。

池底有七寶所成的細沙與水相映徹，有時有微細的波瀾激起迴流，互相流灌相注，有時安詳徐徐流動，不快不慢，恰合衆生意。

八功德的水波揚起時，自然發出妙聲，隨其衆生所應而有所聞。有的人聽到佛聲，有的是法聲，有的是僧聲，有的是寂靜聲、空無我聲、大慈悲聲、波羅蜜聲，有的是十力、無畏、不共法等聲，隨著衆生的根機所應聽聞而歡喜無量，並且能隨順清淨，而離欲寂滅，入於眞實之義。淨土中到處充滿自然快樂之音。

極樂世界

淨土中有無量寶網，彌蓋整個佛土，這些寶網是以金縷眞珠、百千雜寶、奇妙珍異來莊嚴裝飾。並且寶網四面環繞，垂有寶鈴，珍寶異色相晃耀，極盡華麗。

此中德風，徐徐不烈而微微吹動，調和溫柔，不寒不暑，溫涼適中，不急不凝。而且風吹寶樹、寶網都會演發出無量微妙法音，流播著萬種溫雅德香。有聞者則塵勞垢習自然不起。風觸動身膚，皆得快樂，好像比丘得滅盡三昧。

有時風吹散華而遍滿佛土，花在地面色色排列不相雜次而混亂，落花鋪在地面柔軟有光澤，馨香芬芳香氣四揚。腳足踏下，地則隨陷四寸，腳一舉起，則恢復原狀。這些散落的花乾枯之後，大地就會自動裂開，將花埋起來，保持地面的清淨無染。

極樂世界裏有很多寶蓮花，週滿整個佛世界，一一寶華都有百千億葉，花有光明現無量種色，青、黃、白、黑、紅、紫等各種顏色，光色赫然，明曜如日月。一一寶華有三十六百千億光。一一光中出三十六百千億佛，佛身色紫金、相好殊特。一一諸佛又放百千光明，普爲十方說微妙法，而安立無量衆生於佛正道中。

極樂世界又有種種奇妙雜色之鳥，有白鶴、孔雀、鸚鵡、舍利、迦陵頻伽、共命之鳥，這些奇妙之鳥，白天及夜晚都唱和著雅音，演暢著五根、五力、七菩提分、八聖道分等妙法，使此土的衆生聞其音皆能念佛念法念僧。這些鳥類並非畜生道的業報所生，而是阿彌陀佛變化所成的。

⊙壽命無量的極樂人民

極樂世界的衆生，沒有畜生、餓鬼、地獄等三惡道，只有人、天道。他們的壽命長短都如同阿彌陀佛一樣，非算數譬喻所能了知。極樂世界的師資陣容非常堅強，那裏有無數的聲聞聖者及諸大菩薩，還有阿彌陀佛的教化。這些聲聞菩薩神智洞達，威力自在，能將一切世界持於掌中。

極樂世界的人民，雖然有分人、天，但是他們的智慧高明，神通洞達，都是同爲一類，形貌亦無差異，沒有美醜之別，他們都有三十二種相好，都具金色身。只是爲了順應極樂世界之外的國土，是爲了使他方世界衆生易於了解，才有天人之名的，而其實極樂世界衆生顏貌端正，容色微妙，非天非人，皆是虛無之身，無極之體，已不同於我們的人天概念。

此外，淨土中的人民都具有了知前世的宿命通，能知百千億那由他諸劫事。又同具天眼能見百千億那由他諸佛國，能聞百千億那由他諸佛所說，他心智能知百千億那由他諸佛國中衆生心念。又皆具神足，於一念頃中能超過百千億那由他諸佛國。並不會起想念貪計身。並能演說一切智，受讀經法，諷誦持說，都能得不可限量的辯才智慧。而且他們的壽命無能限量，除非自己本願，願意壽命多長多短，即可自在的長短。

此中衆生不會聽到種種不善之名，所受快樂如漏盡比丘，而且皆能安住正定，一直到成佛、滅度，而無所謂的邪定及不定。這裏沒有男女的性別之分，大家都具大丈夫相。

在極樂淨土中種種殊勝莊嚴，以及其中衆生的安樂、無量福德，往生於此土的衆生，都能具足壽量無盡，一直修學到最後身菩薩，終至圓滿成佛。但如果有另外的心願，願意捨去這些福德，發願到其他苦難的世界去度化衆生，阿彌陀佛與諸大菩薩們也會歡喜守護我們圓滿所願。

在《觀無量壽經》說，往生極樂淨土的衆生可因福德而分九品，所謂上品上生、中生、下生；中品上生、中生、下生；下品上生、中生、下生，共有三品九生，統稱為九品。阿彌陀佛與諸聖眾即隨著眾生的福德不同，而施以不同的教化。

⊙極樂世界的食、衣、住、行與教育

極樂淨土眾生的食、衣、住、行，和我們這個世界很不一樣。

極樂世界的眾生都是從蓮華中化生。他們也不像我們一天要吃三餐，在那裡可以不吃飯，但如果想要飲食時，隨著心念即可自然化現殊勝嚴妙的飲食衣服。

他們所居住的舍宅、宮殿、樓閣等等，都能隨著心意而變化外形、顏色、高度、大小。需要任何珍寶裝飾，也都能隨意所欲，應念即至。

極樂世界的眾生都具有神足通，可以在一念之間越過很多的他方佛土，何況是在本國中來往，完全不需任何交通工具，當然更不必忍受塞車之苦了。

極樂世界可以說是一所環境最優的佛法學校，最終目標是幫助國內的眾生圓滿成佛。除了前述的硬體設施能讓人生起憶念三寶的心念外，這裏的眾生也常到其他的佛國淨土去參訪。他們能在一頓飯那麼短的時間內，遍至無量無數億那由他諸佛國。

即使是在本國，隨意想見十方無量的嚴淨佛土，也都能應願於寶樹中照見明睹。如果要以花、香、伎樂、衣服、寶蓋、幢旛等等無量供養品供佛，都能自然化生，應念即至。在他方世界歎佛德，聽受經法，而欣悅歡喜無量。且快速輕舉即返回極樂國土。

極樂世界衆生的修學，無論是園林寶樹，樓閣寶池，鳥鳴唱和，可以說處處都是道場，無有惡名、染濁，更沒有引起惡念的地方。淨土中所有的物質構成是七寶，這些七寶如前所言是能照見諸佛國土，見此諸無量佛土衆生自然能發心行道，得大法益。不管是樓閣、館舍、宮殿、寶樹、寶池、階道等等均是如此莊嚴。而其中散發出的香味、聲音、光明在在都是殊勝上妙，能令衆生入法、念佛念法念僧而皆修佛行。

阿彌陀佛爲諸聲聞、菩薩等大衆說法時，大家都會集合來到七寶講堂聽演妙法，大家都非常歡喜，而且心解得道。此時四方會自然風起吹七寶樹，無量妙華也隨風四散，不絕地莊嚴道場，供養在場佛菩薩。一切天人也教百千華香、萬種音樂來供養大衆。

在淨土中的菩薩在必須講法宣道之時，即可辯才無礙，無違無失的宣說。對於國土中的所有萬物，都沒有「我所有」的念頭，沒有染著執著之心，來去留走，皆不會牽繫執情，而能隨意自在，無處不自得。無彼無我，沒有競爭爭詐。對一切衆生都能起大慈悲心，利益他人，柔潤調和，無忿恨心，無厭怠心，是清淨心。有平等心，最勝心、深心、定心、愛法、樂法、喜法之心，滅諸煩惱、離惡趣心。他們都能修諸善本，志崇佛道，知一切法，皆悉寂滅。這般的無量功德，常爲諸佛所共稱歎。生活在這樣的世界，實在是再好不過了！

無論從外在環境與人民來看，在凡夫衆生的眼中，淨土與穢土是截然不同的世界。但是在圓滿覺悟的佛陀，或大菩薩的眼中又是如何呢？

在《維摩詰經》裏有一個故事，有一次，當佛陀宣說「心淨則佛土淨」的至理時，舍利弗尊者心中不禁生起疑惑；那爲什麼釋迦牟尼佛會生在這個穢土娑婆世界呢？難道佛陀的心不清淨嗎？

這時，佛陀知道他心中所想，就以足指按地，即時整個娑婆世界，就成了無量莊嚴的佛土，而在法會現場的一切大衆，也都看見自身安坐於蓮華寶座上。爲什麼會如此呢？佛陀告訴舍利弗：「我佛國土，當淨如是，爲欲度斯下劣人故，示是衆惡不淨土耳。」

佛陀說，我的佛土就如同你們此刻所看到的這般清淨，只是爲了度化下劣衆生，而示現這種缺憾的國土。就好像眼盲的人不能見到日月的光輝一般，不是日月的過錯。諸佛國土恆常清淨如是，但是衆生與小乘人不能見到清淨佛土，這也不是佛陀的過罪，而是凡夫與二乘行者心地下劣的緣故。

此外，示現這種種衆惡不淨之土，乃是爲了讓衆生容易生起志求佛道，遠離煩惱過惡的志向。大悲菩薩有時示現在極惡穢的處所，他所居止之處到底是淨土或穢土呢？就事上與理上的意義而言，實在是穢土，就像地藏菩薩居於地獄一般。但就眞實的密意而言，地藏菩薩實在是居於自受用法樂的實報莊嚴土，並能同時祕密教化登地菩薩眷屬。從平等無別的法性上來看，淨土與穢土完全銷融爲一，平等而無有差別的。

第七章 從宇宙觀察生命的實相

在佛教的宇宙觀中，宇宙和我們自身並非截然二分的，也不只是相互影響而已，而是相互含攝的。宇宙並非一個獨立於人類之外的客觀對象，這個法界中的每一個分子變動了，都牽動著宇宙的變化，就像萬花筒中的每一個亮片，一轉動就全體都動。

佛法對這個宇宙的觀察，回看我們自身，也是如此，在層層交錯的因緣條件下形成實體的假相。以下我們來看看佛法對我們自身這個宇宙的觀察。

生命自身與外界的相互依存

佛法在探討世界的平面現象時，常用所謂的「三處觀」來觀察。三處是指「五蘊」、「六處」、「六界」。佛法觀察這個宇宙的現象是動態的、流轉的、相續的；而非靜止或孤立的分析。

⊙生命運作的五個質素——五蘊

在觀察生命自身時，佛法以五種質素來涵蓋生命的運作，也就是「五蘊」。

「蘊」字是積聚的意思，意思是「同類相聚」之意。我們在《心經》讀到的「觀自在菩薩，行深般若波羅蜜多時，照見五蘊皆空，度一切苦厄。」，就是這個「五蘊」。「五蘊」有時也寫作「五陰」，是佛法歸納有情的身心質素，將其總攝爲：色、受、想、行、識等五個要素。

色，是指物質的部分，如山河大地、宇宙萬物的存在，都屬於這個範圍，也就是五蘊中的色蘊。

佛法中所說的「色」，有「變壞」、「質礙」的定義。這是佛法對物質的定義，能佔有一定的空間，而且會變化毀壞者，都稱之爲色。所謂變壞，就是變化性。廣義的「色」是泛指一切物質存在。如果對應於我們自身而言，則是指我們的肉體。

在佛法的觀察中，宇宙中一切的物質存在，和我們的身體構成元素是相同的，都是由地、水、火、風四大要素所構成。這地、水、火、風，是指我們眼睛所見到的現象，如土地、雨水、燈火，或空中的風。地的特性是堅固性，水的特性是潮濕性，火的特性是溫暖性，風的特性是流動性，這些現象都是諸法形成的原動力和要素。

「色」是指外在的物質現象，而「受」、「想」、「行」則是指內在的精神活動：

「受」是「領納」的意思，屬於情緒作用。無論是顯色、形色，乃至音聲等引起的反應，使精神上發生痛苦、喜樂等知覺的感受作用。

「想」是「取像」，即認識作用。由心攝取外境的意象而形成心的意象，由此作用而構成概念，進而安立語言系統或認識系統。

「行」是「作」的意思，主要是意志作用，對外境生起心想，經由心識的考慮決斷，賦予身心的行動。

受、想、行三者以心理學名詞來說，受與感情的作用相似，想與觀念的作用相似，行與意志（行）作用相似。

而五蘊中的「識」，則是指在反省觀察中可以發覺微細的作用，能明了識別這森羅萬象，這是「識」的作用。「識蘊」是指眼識、耳識、鼻識、舌識、身識等諸識的各類聚合。

一般人讀誦《心經》的「五蘊皆空」時，很容易將這句話當是佛學用語，變成一種知識性質的認知，卻不知道這就是一種宇宙的觀察及實相。在原始佛教中，觀察五蘊空寂，作正思惟而悟道的方法是《雜阿含經》中很重要的一部份，也就是「五陰誦」。

《心經》中所說的「照見五蘊皆空」，就是如實觀照見五蘊，是觀照生命的種種現象都是變化無常的，而能夠容受一切變化無常的現象即是空的狀態，由此體解種種的生命現象都是處於空性的狀態中，由此而悟入宇宙的實相。

而生命自身與外界溝通的管道，就是我們的六根，又稱爲「六處」。「處」是生長的意思，能使我們長養身心，引發我們的認識作用。「六處」也就是眼、耳、鼻、舌、身、意「六根」，是我們接觸、認知宇宙萬象的六種管道。

我們對宇宙萬相的認識，是無法單獨存在的，而是要依靠種種因緣條件所形成，一切因緣的相依相存才能造成我們的認識作用。「六處」的分析，就是在解說這樣的因緣條件。在佛法的觀察中，我們能了知一切萬象，是由「眼、耳、鼻、舌、身、意」等六處，接觸「色、聲、香、味、觸、法」六境，再加上「眼識、耳識、鼻識、舌識、身識、意識」等六識的作用，而後才能分別了知。就像我們看見一朵花，首先是因爲我們有眼睛（眼根），外面有花（對境），我們知道這是一朵花（眼識），這三個主體的條件，形成「我們看見這朵花」的事實。

⊙身心與外境的互動——十二處、十八界

佛法以「十二處」來涵蓋我們身心的六根，及六根所對應的六境，是佛教對宇宙萬象的一種分類方式。「十二處」又稱爲「十二入」或「十二入處」。「處」的

梵文原意是指「所進入的場所」及「進入的東西」。

「所進入的場所」，就是眼、耳、鼻、舌、身、意等「六根」所進入的場所。「進入的東西」，則是六根所對應的色、聲、香、味、觸、法等「六境」，也就是進入六根之境。六根又稱為「六內處」，六境則是「六外處」，這內外各六處，合稱為十二處。

六根的每一根，與六境是各各相對的，由「根」與「境」的對應而產生了感覺與知覺的認識。

十二處的內容如下：

(1)眼處：又稱為眼根。所謂眼處，是外境的色法進來的門戶；所謂眼根，是指視覺能力或視覺器官（視神經）。「根」是能力的意思。通常提到眼，指的都是從外面看到的眼球，但是眼的本質是看東西的能力，即使有眼球而沒有見物能力的視覺神經的話，是不能叫做眼根的。

(2)耳處：又稱為耳根，是指聽覺能力或聽覺器官（聽神經）。

(3)鼻處：又稱為鼻根，是指嗅覺能力或嗅覺器官（嗅覺神經）。

含攝宇宙萬象的十八界

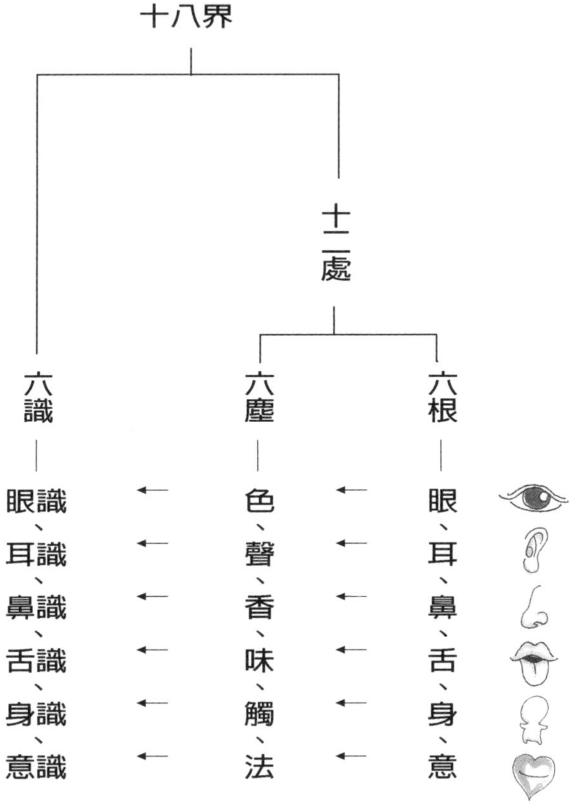

(4)舌處：又稱爲舌根，指味覺能力或味覺器官（味覺神經）。

(5)身處：又稱爲身根，是指感覺到冷暖、痛癢、澀滑的觸覺能力或嗅覺器官，分布在身體皮膚的表面。

(6)意處：又稱爲意根，這是指知覺器官所有的知覺能力，與前五處的感覺能力或感覺器官相對。所謂意根，可以說就是掌管知覺作用的心。

(7)色處：是指眼根的對象——色境，有顏色與形狀兩種。這裏所指的「色」和之前所說五蘊中的「色」不太一樣，五蘊中所說的「色」是廣義的色，是指全體物質。在這裏則是指狹義的色，只限於眼根所能看到的對象。在色處中，顯色是指色澤，即青、黃、赤、白等色；形色是指形狀，即長、短、方、圓等形。

(8)聲處：指耳根的對象——聲境，也就是人與其他動物從聲帶出聲，以及物質之間相互接觸摩擦所生的聲音，聲音又可分爲有意義的聲音，與無意義的聲音，如語言就是有意義的聲音，而一般的聲音並無特別意義。

(9)香處：鼻根的對象——香境，也就是指氣味，氣味可以分爲好聞的味道（好香）與難聞的味道（惡香），也可分爲「有益的味道」（等香）與「有害的味道」

（不等香）等等。

(10)味處：是舌根的對象——味境。味有鹹、酸、苦、甘、辛、淡等等。「辛」是指刺激的味道，「淡」是平淡不強烈的味道。

(11)觸處：爲身根對境的觸境，在「說一切有部」中將，觸境分爲「能造的觸」及「所造的觸」。能造的觸是「地、水、火、風」四大種，所造的觸是四大種所造的觸，指滑性、澀性、重性、輕性、冷、飢、渴等種種觸覺的感受。

(12)法處：是意根的對象，法境。法是意識的對象，可以用心來思考，因此，存在與非存在，實法與假法，這一切都包含在法之內。

除了自身的六根，對應外在的六境，所構成的十二處之外，佛法更進而以「十八界」來含攝宇宙的萬象。「十八界」是指「六根」、「六塵」加上「六識」，也就是以生命自身，與外境接觸，及所產生的感受等三個領域，將宇宙的存在以十八個界域來理解。

這十八界分別是：眼界、色界、眼識界，耳界、聲界、耳識界，鼻界、香界、鼻識界，舌界、味界、舌識界，身界、觸界、身識界，意界、法界、意識界，也就是「六根」、「六境」加上「六識」。

「界」有「差別」、「體性」、「原因」等意義，十八界就是把宇宙諸法分析成這十八種要素。

之前所說的六根加上六塵合稱爲「十二處」，「處」有生長的意思，能使我們長養，引發我們的認識作用。十八界就是十二處再加上「六識」的了別作用。十八界可以說是完整的呈現了我們對外境的一切認識作用，背後各種相互依存的因緣條件。我們的認識作用並非單獨存在的，而是要依靠種種因緣條件才能完成，一切因緣的相依相存，才能造成我們的認識作用。

例如我們要看見一幅畫，必須要具備幾個條件：首先必須要有眼睛（眼根）、有這幅畫（色境），再加上心的認識了別（眼識），才能「看到這幅畫」。同樣的，眼、耳、鼻、舌、身、意等六根，也是要有色、聲、香、味、觸、法等六境，再加上眼識、耳識、鼻識、舌識、身識、意識等六識的了別作用，然後才能分別了知，形成各種認識作用。從這樣的觀察中，我們會發現：我們自身的存在和宇宙萬象相同，都是依據種種因緣而形成的，是虛幻不實的。

構成宇宙的六大元素

再來，佛法也經常從「界」來觀察宇實相。什麼是「界」？「界」有「特性」的意義，古譯是「持」，也就是能保持自相，不會失去。佛法以「六界」來總攝宇宙的六種體性，六界是指「地、水、火、風、空、識」。

地代表物質的堅性，作用是任持；水是代表物質的濕性，作用是攝聚；火是物質的暖（災）性，作用是熟變；風是物質的動性，作用是輕動。地和風是相對的，水和火是相對的。

任何物質都具備地、水、火、風四種特性，若不具備此四種特性，物質是不可能存在的。空是虛性，遍一切處，如沒有空的存在，物質即無處安立。所以空界具有與四大相異的特性。識是了別，意識的現象，存在於過去、現在、未來相續不斷之間，如瀑流般綿延相繼。生命的存在是由於無明、識的作用才有辦法延續，如果有一天心意識的作用停掉了，所看到的就不是目前的現象了。

「六界」又稱之為「六大」以下我們進一步來認識佛法如何以「六大」來統攝

宇宙的萬象。

在佛法中，將構成宇宙萬相的元素統合成六種基本的元素，稱爲「六大」，也就是地、水、火、風、空、識六種元素。

此種說法最早源於古印度對傳統物質世界的認識——地、水、火、風四大。其認爲一切物質和人身都是由此四大構成，人生病了，就是由於體內「四大不調」所致，後來這種說法被佛教加以融攝、昇華，進而發展出五大、六大、七大的說法。

五大是四大加上空大，密教的五輪塔就是五大的象徵。六大是五大再加上「識大」，密教現多以此說。

六大指構成宇宙萬相的六種基本元素，也就是地、水、火、風、空、識六大。

1.地大：地的體性是堅固不動，能止住萬物，有能持萬物的作用，所以表現於形象是爲方形，表示於色彩則爲黃色，而其種子字爲「a」（阿），表示地是能生萬物的根源，所以它本身有「本不生」的意義。

2.水大：水的體性爲濕潤，有攝受萬物的作用，形象表現爲圓形，色彩則成爲白色，水能浸透萬物，它的「形」沒有辦法究定，所以用「va」（縛）來象徵

離言說之水大種子字。

3.火大：火的體性是軟性，有成熟萬物的作用，以三角形爲象，以赤色來表色，火的性質，有成熟義，同時有燒盡萬物而使其清淨之作用，所以用「ra」（囉）字爲種子字，象徵火大，有「無垢塵」之意義。

4.風大：風的體性爲動性，有長養萬物之作用，以半月形（不動的方和動的圓而交成的形）表其形象，以黑色（不變而能含容一切色）爲其色彩，風是動轉自在的，能含養萬物的，所以用「ha」（訶）字爲種子字來象徵離因緣的風大。

5.空大：空的體性無礙，能包容一切，有不障之作用，以方圓不二的團形（或稱寶珠形）而表形，以青色爲色彩，同時空有無差別平等義，有無礙涉入之德，以「Kha」（佉）爲種子字，以象徵空大。

6.識大：「識」有了知之性質，有判斷或是決斷之作用，能以種種形爲形，種種色爲色，同時，「識」有摧破煩惱障礙之作用，所以用覺了義（或是摧破義）之「hum」（吽）字爲種子字，以象徵識大。

	性德	業用	形色	顯色	種子	字義
地	堅	持	方形	黃色	阿 a	本不生
水	濕	攝	圓形	白色	縛 va	離言說
火	軟	熱	三角形	赤色	羅 ra	無垢塵
風	動	長養	半月形	黑色	訶 ha	離因緣
空	無礙	不障	團形	青色	佉 Kha	等虛空
識	了別	決斷	種種形	種種色	吽 hum	了義不可得

六大體性表

⊙六大元素的相互融攝

六大各別的特性與內容前面已經說明了，接下來我們再來說明六大彼此間的關係。六大彼此間的關係可以用「異類無礙」與「同類無礙」來說明。

「異類無礙」是指六大的體性雖異，但每一大互具其他的五大，有著「互具」、「各具」的關係。所謂五具，是指六大互相具足的意思，即地大中必具其餘的五大，水大中亦具其餘的五大，如是火大、風大、空大、識大也莫不具有其餘的五大。因此，以一爲主，則其餘皆伴隨而具有。例如一塊土，雖是以地大爲主，但其有水份（水大），有溫度（火大），有空隙（空大），有動性（風大），而一滴水裡，以水大爲主體，但也含有其他五大。其實，法界萬有亦悉皆含攝。若以「我」爲主來考察，那末，其他的佛界，乃至地獄界悉皆具足，故可以說「我」即是件宇宙了。反之，若以「他」爲主來考察，那末，「我」便爲伴而被攝於「他」的裡面，所以有著主伴具足，重重無盡，相依相成，無礙一體的關係。

六大雖然如此互相具足，可是，同時又是獨立的，即地大是地大，水大是水大，乃至識大是識大，不失其特性與業用等，萬有各守自性，彼此不會混亂。這樣，六大是互具、各具而不相離的，所以，全宇宙無一處不是地大的，水大的，乃至識大的。

這種無礙涉入的情形，就像六燈共照一室，光光涉入遍及室內，而六燈共成的一光不能一一分開一樣。

「同類無礙」是對望存在於甲乙異類的六大，而論其互具、各具之理的。宇宙一切萬有都由六大所成，如果將造有情的六大和造非情的六大相比，把佛菩薩的六大和凡夫的六大對照，就知道這六大是相同的。如此，造有情與非情，佛菩薩與凡夫的六大，皆是同一的，此即是同類無礙，只是成立的因緣不一，而現出「有情」、「非情」與「佛」、「凡夫」等的差別罷了。所以，差別是由於形相、業用、色彩等的不同，倘從六大來觀察，則相互無礙，一切現象是一體的，由此緣故，造佛的六大，可轉而造地獄的衆生，造地獄衆生的六大，亦同樣可轉而造佛。據六大的義理言，佛之外無衆生，衆生之外無佛，六大所成的父母所生身，可直入佛的正覺位。

依據《俱舍論》卷一的說法，地、水、火、風等四界，爲能造的四大種，爲一切物質所依。空界是四大的竅隙，爲成長之因。識界爲有漏識，是有情生存之所依。其中前五界是屬於色（物質）法，識界則屬於心法。

這樣的說法，在密教中，得到了進一步的深化與發揮，而產生了「六大體大」、「六大無礙」、「六大緣起」等說法。

六大有以下的特質：六大遍一切法界，所以稱之爲大，是一切之所依，因此稱爲體大，這六大互具、互遍不礙，所以爲六大無礙。而這六大的妙德，爲諸法的體性，所以是法爾的六大。

因此，空海大師在〈即身成佛義〉中說：「此所生法，上達法身，下及六道，

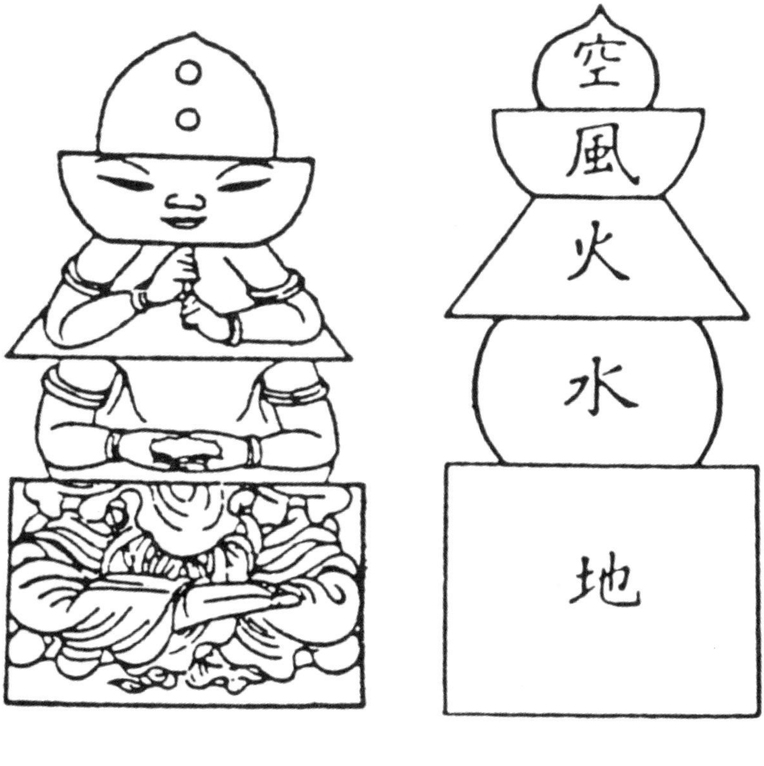

五輪成身曼荼羅象徵自身和宇宙的和諧統一

雖粗細有隔，大小有差，然猶不出六大。故佛說六大爲法界體性。諸顯教中以四大等爲非情，密教則說此爲如來三摩耶（samaya）身。四大等不離心大，心色雖異其性即同。」這是說無論是諸佛清淨的法身，或是輪迴的六道，都不離六大之理，顯教和密教的名相雖不同，法理則一致。

所以，空海大師就以：「六大無礙常瑜伽，四種曼荼各不離。」來顯示六大體性，即法界體性自身，以自妙德而常瑜伽，能出生一切法身及世間，而顯示法界果德的四種曼荼羅（maṇḍala）：法曼荼羅、三昧耶曼荼羅、大曼荼羅、羯磨曼荼羅，是一體同性恒不遠離的。密教的無上瑜伽部，也是行者以自身即爲本尊，爲諸佛的輪壇曼荼羅，含攝整個法界。

從宇宙實相觀察生命的輪迴與解脫

世界形成之初，一開始先有山河大地等自然環境的形成，慢慢的才開始有生物的發生。生命是如何發生的呢？佛陀將生命發生的過程觀察，歸納成十二個不斷循迴輪轉的過程，也就是「十二因緣」。

佛法認為，任何現象的發生都是聚集了各種因緣條件而形成。在《雜阿含經》中說：「有因有緣集世間，有因有緣世間集；有因有緣滅世間，有因有緣世間滅。」

生命從生到死，從死到生，流轉不已；在一般人看來是生命的自然現象，只能無奈的接受生命這個事實。佛法則提出了更深廣的生命視野；生從何處來？死往何處去？

佛陀的悟道，正是因為其體悟了宇宙的實相，眞實地看到生命如何發生、如何流轉，以及如何趣向解脫。佛陀看到了宇宙的變遷，都是由條件所構成；凡是構成現象本身的，就是這個現象的條件，也就是「因緣」，因是主因，緣是助緣。而宇宙間一切法相的生滅變異，都是依著因緣的理則運作，一切都依於因緣。我們人之所以能夠光明、能夠修行、能夠成佛，也是在這生滅因緣的把握中，依據宇宙實相、佛法來實踐，去除染污，而達到還淨的歷程，圓滿成佛。

人生現有的痛苦，我們追究痛苦的來由，而後求得對治的方法，依此實行，而達到苦的還滅。我們要了知一切苦難生起與消滅的條件，使應生的生起，該滅的還滅。這就是佛陀初轉法輪時所開示的「苦、集、滅、道」四聖諦。

佛陀以緣起法來說明生命的發生與超越的可能。什麼是「緣起法」？緣起法的定義是「此有故彼有，此生故彼生」，說明一切萬物相互依持而存在的法則。緣起法的具體內容則是十二因緣。

佛陀從生命時間相續的觀念當中，建立了「過去世、現在世、未來世」的三世觀，並以十二因緣來表達生命在時間上的相續過程。

在《雜阿含經》中說：「我論因說因。……有因有緣集世間，有因有緣世間集；有因有緣滅世間，有因有緣世間滅。」有情生死相因，流轉不已；在有情看來是生命的自然現象，有情所了知的自然狀況是如此；但是，生從何處來？死往何處去？大多數的人是很迷惘的，只能無奈的接受生命這個事實。但在佛陀而言並非如此，他已看到了宇宙的實相，對他而言，沒有一事是不了知的；因此，生命如何產生、如何流轉、如何還滅，佛陀已完全通達，並將這個宇宙實相告訴了我們。

佛陀看到了宇宙的變遷，都是由條件所構成；凡是構成現象本身的，就是這個現象的條件，也就是「因緣」，因是主因，緣是助緣。而宇宙間一切萬相的生滅變異，沒有一樣能離開因緣，一切都依於因緣的軌則運作。生命之所以能夠光明、能夠修行、能夠成佛，也是在這生滅因緣的把握中，依據宇宙實相、佛陀的教化來實踐，去除染污，而達到還淨的歷程。

對人生現有的煩惱，我們觀察煩惱的來源，找到對治煩惱的方法，並依此實踐，而達到煩惱的止息。我們要了知一切苦難生起與消滅的條件，使應生的善法生起，使會造成煩惱輪迴的行爲該滅的還滅。這也是釋迦牟尼佛初轉法輪時，開示四諦的意旨。

我們可以從下表來觀察煩惱流轉的因緣，與解脫成佛的因緣：

因緣有雜染的也有清淨的，而有情的生死流轉，佛陀以緣起法來解說。緣起法的定義是「此有故彼有，此生故彼生」，這說明了一切萬物相互依持而存在的法則。

佛陀觀察宇宙人生所得的結論是，宇宙中沒有絕對的東西，一切要在相對的關係下才能存在；依緣起法則而看，是「果從因生」、「事待理成」、「有依空立」的世間。由於無明的蒙昧、貪愛的染著，生死識身不斷的相續，不斷的流轉於生死苦海；苦因、苦果，一切在無可奈何的苦難中成爲「純大苦聚」，這是有情的一切，也是生命的瀑流所顯現的宇宙現實。

十二因緣的內容是：「謂無明緣行，行緣識，識緣名色，名色緣六處，六處緣觸，觸緣受，受緣愛，愛緣取，取緣有，有緣生，生緣老病死。」佛陀告訴我們，這十二因緣的輪迴是「純大苦聚集」。

無明從什麼時候開始的呢？無明從無始開始，時間是不確定的，當有我執產生的時候，就是無明的開始，所以叫「無始無明」。對生命而言，這一念的產生，就是時間的開始，所以是「無始」。無始是時間的不確定，而且這個不確定本身是沒有意義的，是如幻的。宛如作夢一樣，就像眼睛因爲幻覺而看到的東西，就像看到

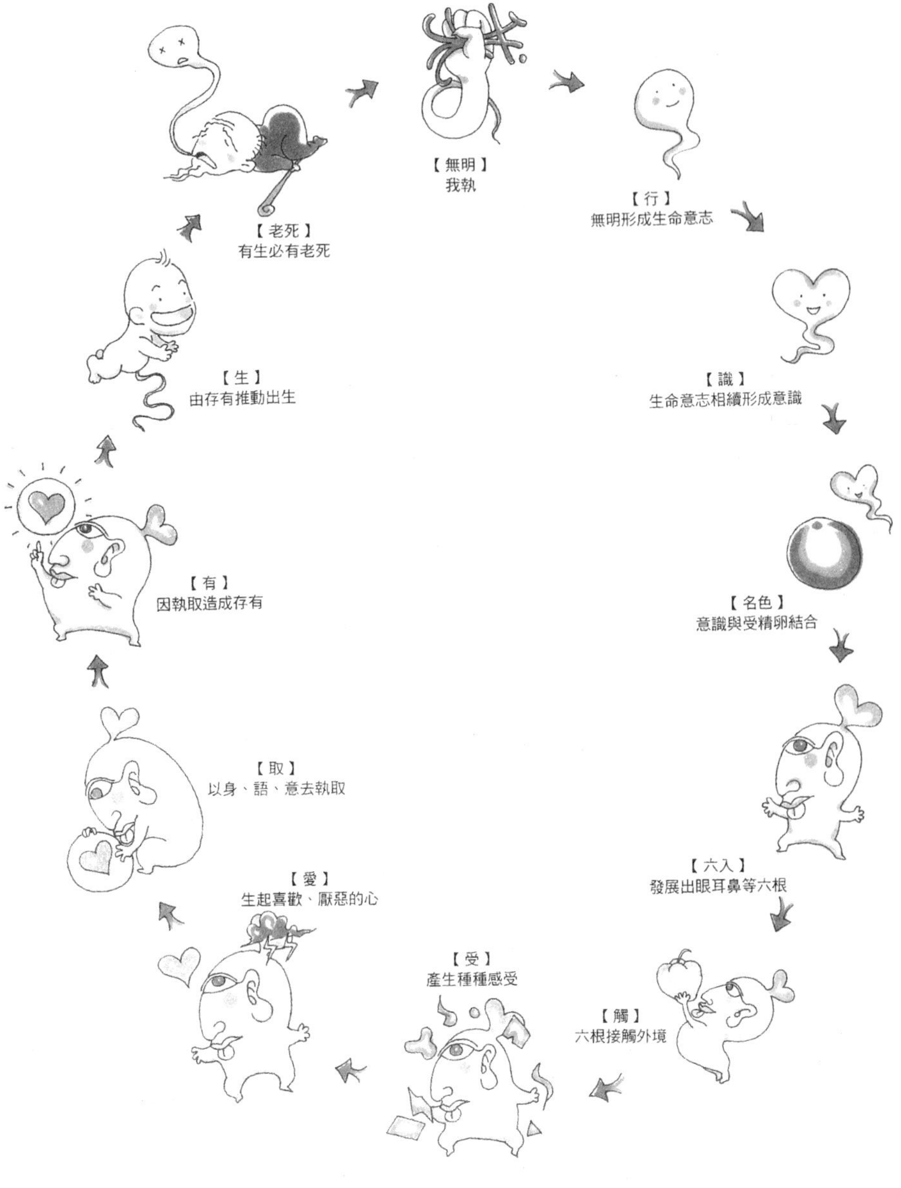
【無明】
我執
【行】
無明形成生命意志
【識】
生命意志相續形成意識
【名色】
意識與受精卵結合
【六入】
發展出眼耳鼻等六根
【觸】
六根接觸外境
【受】
產生種種感受
【愛】
生起喜歡、厭惡的心
【取】
以身、語、意去執取
【有】
因執取造成存有
【生】
由存有推動出生
【老死】
有生必有老死

生命流轉出生的循環

第二個月亮，或是看到烏龜的毛或兔子長角一樣。所以說生命體是如幻的，時間是無意義的。但對生命體而言，無明的產生就是這意識的覺察，覺察到自身的存在，而這自身的存在根本不眞實。以爲自身的存在開始的時候，這無明就開始了，這就是無始無明的開始。

從無始無明以後，產生了我執，我執以自我爲中心，而與宇宙中沒有分別的現象產生摩擦，產生對立，產生生命的求生意志，這個求生意志的運作就是所謂的「行」。

而這個求生意志的運作，圍繞著根本的無明爲中心，不斷產生一些記憶，這種記憶本身是沒有實質的，是純粹意識的，這種不斷的記憶累積，就是所謂的「意識」。所以說，所有的時間對每個生命主體而言，都是存在在意識裡，沒有所謂的客觀時間，只有一個由純粹的意識的覺受而產生的時間。而這意識的不斷累積，都是以根本我執爲中心，而造成生命的意識。

這生命的意識就是整個生命的記憶，這個精神體，它投入了母胎，與受精卵結合，產生了「名色」。「名」是精神，就是意識，「色」是物質體，也就是受精卵。

這意識進入受精卵，整個生命不斷地運行，而產生了六入。「六入」是六種感覺器官，眼、耳、鼻、舌、身、意，而這六入產生觸覺，觸覺會產生感受的力量，感受的力量產生執著，執著產生愛，愛又產生執取，由執取而有了存有的現象，而這存有的現象又推動著生與老死。

在三世十二因緣當中，無明與行是過去因，現在五果是由識到受，現在三因是愛、取、有，而未來二果是生與老死。三世十二因緣建立在整個時間相續的過程，它探討整個生命、整個宇宙交互相存的關係。

我們從十二因緣當中，體悟了生命的流轉與解脫的過程。「法」是軌則之義，佛法不只是告訴我們宇宙的實相，並且是讓我們從生命的現實苦迫中，了知「離苦得樂」的大道。十二因緣讓我們了解生命的無明染污因緣，也讓我們透過十二因緣清淨了生命的無明煩惱。

佛陀在菩提樹下悟道時，於初夜獲得宿住智，中夜得天眼智明，後夜觀察生命流轉的因緣，徹悟了因緣法，了知這樣的輪轉不息是「純大苦聚」，也就是痛苦的根源。

佛陀觀察宇宙人生所得到的結論是：宇宙中沒有絕對的東西，一切要在相對的關係下才能存在；由於無明的蒙昧、貪愛的染著，生死識神不斷的相續，不斷的流轉於生死苦海；苦因、苦果，一切在無可奈何的苦難中成爲「純大苦聚」，這是有情的一切，也是生命的瀑流顯現的宇宙現實。

依緣起而成的生死相續，有「緣起」與「緣生」兩者。「緣起」是世間成立的因果理則；而「緣生」是因果所顯現的具體現實。宇宙的一切依緣起而成立，依緣生而現前，依著緣起、還滅的過程，才能使生命達到平穩、寂靜的安樂世界。

佛法是佛陀觀察世間，依人間的因緣，告訴我們宇宙的實相。

佛陀重視現實的生命，對於生命在時空因緣中所感受的苦痛煩惱，有著至深的同體體會；而從佛陀大慈大悲的心中，自然的湧現出內證的大智。這種偉大的智慧，不只告訴我們眞實的生命因緣，使我們不再迷痴無明，並讓我們從迷痴無明的痛苦當中脫離，而獲得解脫自在的喜樂。這也就是佛陀宣說宇宙實相的意義所在。

佛經即生活，生活即佛經，
圓滿覺悟諸佛菩薩的生命境界！

佛教小百科43

《佛教的宇宙觀》

作　　者　洪啟嵩
執行編輯　蕭婉甄
校　　對　劉詠沛
美術編輯　吳霈媜
出　　版　全佛文化事業有限公司
永久信箱：台北郵政26-341號信箱
訂購專線：(02)2913-2199
傳真專線：(02)2913-3693
匯款帳號：3199717004240 合作金庫銀行大坪林分行
戶　　名：全佛文化事業有限公司
E-mail：buddhall@ms7.hinet.net
http://www.buddhall.com
門　　市　新北市新店區民權路95號4樓之1（江陵金融大樓）
門市專線：(02)2219-8189
行銷代理　紅螞蟻圖書有限公司
台北市內湖區舊宗路二段121巷19號（紅螞蟻資訊大樓）
電話：(02)2795-3656　傳真：(02)2795-4100
初　　版　二〇〇六年四月
初版三刷　二〇一六年一月
定　　價　新台幣二六〇元
ISBN　978-957-2031-95-7（平裝）

Buddhall

Published by BuddhAll Cultural Enterprise Co.,Ltd.

國家圖書館出版品預行編目資料

佛教的宇宙觀 / 洪啟嵩著. -- 初版. --
臺北市：全佛文化, 2006 [民95]
面；　公分. -- (佛教小百科；43)

ISBN 978-957-2031-95-7(平裝)

1.宇宙論(佛教)
220.137　　　95006099